李登輝より日本へ贈る言葉

李登輝 *Lee Teng-hui* 著

ウェッジ

李登輝より日本へ　贈る言葉

はじめに

台湾がまもなく旧正月を迎えようという今年一月末、テレビでは「台湾新幹線の乗務員が日本の新幹線で接客研修」というニュースを報じていました。聞けば、昨年十二月には日本の新幹線の乗務員が台湾で研修を行っており、日台交流研修の一環だということでした。

日本と台湾の密接な関係を象徴するものは数多くありますが、台湾新幹線はその代表的なものの一つと言えるでしょう。

日本で研修を受けた台湾新幹線の乗務員は「日本の接客は非常に丁寧。私たちももっと練習して『おもてなし』の心を学んでいきたい」と感想を述べていましたが、私はこんな形の日台交流もあるのかと唸《うな》らされました。

昨年夏に東京オリンピック開催が決定してから、日本の雑誌や新聞で「おもてなし」という言葉を目にすることが多くなりました。私も二〇〇五年末、正月を日本で過ごすために家族とともに名古屋や関西を訪れましたが、そのときに乗車した新幹線のサービスの素晴らしさにほとほと感心したのを覚えています。

新幹線の乗務員は、車内に出入りするたびに丁寧におじぎをし、乗客に細やかな気配りをしていました。通路や座席にはチリひとつ落ちておらず、トイレは常に清潔に保たれている。電光掲示板には目的地の天候や気温が乗客へのサービスの一環として表示され、私たちを乗せた新幹線は到着予定時刻ちょうどにホームへとすべり込んだのです。

私が日頃から常々評価する日本精神を形作っている誠実さや真面目さ、思いやり、滅私の心、時間厳守といったものが体現されたのが日本のサービスであり、結実したものが「おもてなし」の心と言えるのではないでしょうか。

私は、日本人が持つこの精神が改めて素晴らしいものであると強く確信すると同時に、いまでも日本の社会でその精神が失われずにいることを目にして感激したのです。

こうしたサービスの分野で台湾が日本に学ぶことはまだまだ多くあります。新幹線を通じた日台交流が台湾のサービス向上に役立つことを期待しています。

前置きが長くなりましたが、日本と台湾の結びつきはかくも強く、台湾には昔の日本がいまも息づいていると同時に、日々刻々と変わる国際情勢のなかにあっても、日台の絆が未来へ向けてますます強くなっていくという思いを禁じ得ません。

私は今年一月で九十一歳を迎えました。一昨年の十一月に受けた大腸癌手術に続き、昨年七月には首の動脈にステントを入れました。いよいよ自分に残された時間を意識しなければならなくなったと感じる次第です。

この本には、純粋な日本教育を二十二歳まで受けて育った元日本人ともいうべき李登輝の精神世界をひも解くと同時に、私という人間がいかにして形成されたのか、日本精神や武士道といった日本が世界に誇るべき素晴らしい財産に対する評価、我が祖国台湾の現状と未来、長らく「片思い」が続いた日台関係、国家の行く末を左右する指導者の条件や修練など、日頃から考えていることの集大成と言えるものを盛り込んだつもりです。

夜ベッドに入っても、朝目覚めても、頭をよぎるのは、これから台湾がどうなっていくのかという思いです。と同時に、日本のこともそれ以上に気懸かりでなりません。幸いにして、一昨年十二月に再登板した安倍晋三総理によって、日本が長らく迷い込んでいた暗いトンネルに一筋の光明が差し込んだようにも思います。

日本と台湾は運命共同体です。日本が息を吹き返せば、必ずや台湾もそれに引っ張られて明るくなるのです。中国の台頭が言われて久しいですが、アジアのリーダーとして相応しいのは日本をおいて他にないと私は断言します。日本経済の再生は、中国が持つ市場の大きさや経済に目を奪われがちな台湾の人々の関心を日本へ向けさせる絶好の機会とも言えると思います。

本書は、日本の復活を心から期待する李登輝から日本人へ贈るメッセージです。

本書の原稿も最終チェックの段階に入った頃、台湾と中国の「サービス貿易協定」発効に反対する学生たちが立法院に突入し占拠したというニュースが飛び込んできました。この付記を執筆している時点で占拠は二週間あまりとなっており、どのような結末を迎えるか予断を許しませんが、私の思うことを述べておきたいと思います。

思えば二十四年前のちょうどいまと同じ季節、いくら南国台湾とはいえ三月の朝夕は時折ひどく冷え込むこの時期に、やはり台湾大学を中心とする学生たちが台北市内の中正紀念堂で座り込みやハンストを行っていました。

ことの発端は、何十年も改選されない国民大会代表が、その退職に際し、高額の退職金や年金などを要求していたことに対する抗議でした。この座り込みが報道されるや、中正紀念堂には学生や支持者が続々と集まり始め、最終的には六千人を超える規模になったと記憶しています。

その三年前の一九八七年には戒厳令が解除されていたものの、未だ国民大会には「万年議員」が居座って禄《ろく》を食《は》み続けていましたが、その根拠となっていたのが、台湾と中国大陸は未だに内戦状態にあるとして憲法の機能を制限し、国家総動員のために設けられた「動員戡乱《かんらん》時期臨時条款《じょうかん》」でした。

学生たちは万年国会の解散に加え、動員戡乱時期臨時条款の撤廃、民間からも識者を集めた国是会議の開催、民主化のタイムテーブルの提示という四大要求を掲げ、政府、つまり総統の任にあった私に突きつけたのです。

私はと言えば、当時確かに総統の任にありました。とはいえ、それは一九八八年一月に蔣経国総統が急逝し、憲法の定めにしたがって副総統だった私が昇格したにすぎず、私のことを「ロボット総統」と見る向きも多かったのです。

さもありなん、国民党内で派閥もなければ後ろ盾となる元老もいない、軍も情報機関も掌握していないのだからそう見られたのも当然でした。

総統就任後、私は時をおかずに蔣経国路線を継承することを表明しました。蔣経国総統の急逝による党内の動揺を抑え、台湾社会を安定させることが何よりも先決すべき問題だったのです。

台湾の民主化を推し進めるためには、名実ともに国民大会代表による支持を受け、選挙によって選ばれた総統にならなければなりません。そこで私は、代理総統の任期が切れる一九九〇年春を視野に、李元簇《げんぞく》副総統候補とともに支持を取り付けるべく、一瞬も気の抜けない選挙戦を戦っていました。

二月、党の臨時中央執行委員全体会議でわれわれが正副総統候補として指名されたものの、翌月の国民大会で正式決定される前にひっくり返そうとする非主流派勢力によるクーデター工作が白熱しており、日々予断を許さない状態にありました。

そして折も折、学生たちによる座り込みが始まったのは、国民大会での総統候補指名を翌日に控えた三月十六日のことだったのです。

というのも、それに前後する三月十三日、国民大会は台北市郊外にある陽明山中腹の中山楼で代表大会を開催し、「動員戡乱時期臨時条款修正案(延長案)」を満場一致で可決したのです。一九四八年の発布以来、時限立法的性格を有する臨時条款の期限延長を毎年自分たちの手で行うという悪例がまかり通っていたのです。

しかし、民主化への胎動が聞こえ始めたこの年、高待遇の特権を手放そうとしない国民大会代表に抗議する学生たちが中正紀念堂で座り込みを始め、人民の怒りを表明したのも当然の帰結でした。

学生たちの声は燎原《りょうげん》の火のごとく広がり、民主化を望む声は時間が経つごとに大きくなっていきました。そこで私は学生たちが座り込みを始めた翌日には、テレビを通じて、人民に対し冷静に理性を持って行動するようにと呼びかけると同時に、政府側も民主改革を加速させることを再度表明して、その要求に応えようとしたのです。

日増しに大きくなる人民の声に押されるように、私は十九日に「一カ月以内に国是会議を開催する」と表明しました。翌二十日には立法院で与野党が協議し、国是会議開催に加え、「動員戡乱時期の終結」や「民主化のタイムテーブルの提示」を総統に提言することが決まったのです。

実際、学生たちの要求が、私自身が推し進めたいことと完全に一致していたのは間違いありません。二十一日、学生運動によって政局はやや混乱していたものの、国民大会の支持を取り付け、選挙を勝ち抜いて総統の座に就いた私は、早速学生代表を総統府へ呼び、彼らの声に直に耳を傾けたのでした。

実を言うと、学生たちが座り込みをしている中正紀念堂へ私のほうから赴きたかったのですが、国家安全局から「万全の警備ができず、不測の事態が起きかねない」として強く反対されたのです。そのため、夕方に車両で中正紀念堂の周囲を一周して学生たちの様子を見て回ったこともありました。

私が会った学生代表は、記録によると五十三人となっています。彼らも混乱していたのでしょうか。日中に秘書長を派遣して「代表者は総統府へ来るように」と伝えてあったのですが、彼らが来たのは夜八時を過ぎていたと記憶しています。

私は「皆さんの要求はよくわかりました。だから中正紀念堂に集まった学生たちを早く学校に戻らせ、授業が受けられるようにしなさい。外は寒いから早く家に帰って食事をしなさい」と彼らを諭したことを覚えています。

彼らは中正紀念堂へ戻り、協議のすえ翌日早朝には撤退することを発表しました。それを聞いて私も心底ホッとしました。私の心のなかに民主化を推し進める意欲があったことはもちろんですが、寒さに震えながら座り込みを続ける学生たちの姿を見ていられず、一日も早くキャンパスや家族のもとへ帰してやりたいと思っていたからです。


今年三月十八日、学生による立法院占拠に端を発した「太陽花（ひまわり）学生運動」ですが、二週間あまり経った現在でも馬英九総統は学生たちの声に耳を傾けようとせず、「サービス貿易協定がこのまま発効しなければ台湾の信用問題にかかわる。学生たちの立法院占拠というやり方は違法」などと、本質的な問題から目をそらし、「協定発効ありき」の姿勢を崩していません。

ここで私は強く言いたい。

立法院を占拠した学生たちには、学生たちなりの意見があります。彼らだって国のためを思って行動しているのです。あの場にいる学生たちのなかに個人の利益のために座り込んでいる者など一人としていません。彼らに何の罪があるというのでしょうか。馬総統は一刻も早く彼らの話を聞き、少しでも早く学校や家に帰す努力をするべきです。

本文でも述べていますが、指導者たる者、常に頭のなかで「国家」と「国民」を意識していなければなりません。指導者は人民の声にできるかぎり耳を傾け、その苦しみを理解すると同時に、誠意を持って彼らの要求に具体的に応え、解決の道を探るべきだと私は信じています。馬総統は「党」や「中国」のことしか考えていないようにも思え、同じ総統の立場にあった者として残念でならないのです。

とはいえ、この十数日の間、学生たちが台湾に対して見せた情熱や理想の追求は明るい希望をもたらしてくれました。そして三月三十日には、総統府前でサービス貿易協定の密室協議に反対するデモを行い、台湾の歴史上例をみない五十万人(主催者発表)という人々が総統府前広場を埋めたのです。

実はこの日、私も参加したいと思っていたのですが、二人の娘と孫娘に「まだ風邪が完全に治ってないでしょう。そのかわり私たちが行くから」と諭される始末でした。

帰宅した孫娘が興奮気味に「本当にたくさんの人が集まっていて身動きもとれなかった。あんなにもたくさんの台湾人が立ち上がったのよ」と報告してくれるのを聞きながら、私は学生たちに対して感謝の念さえ持ち始めていました。なぜなら、民主主義というものは、単に投票の権利を手にすることではなく、人民自ら政治へ参加すると同時に、政府を監督することによって初めて実現されるということを広く知らしめてくれたからです。

ともあれ、この学生運動はすでに台湾の民主主義の将来と発展に多大なる影響を与えたものと私は確信しています。人民こそが国家の主人であり、台湾の未来は台湾人によって決せられるものだということを学生や人民たちが実践躬行《きゅうこう》で示したのです。指導者たる馬総統は問題を正視し、台湾の発展のため積極的に解決する努力をするべきです。

この学生運動がどのような結末を迎えるか心配は続きますが、その一方で台湾の民主主義の発展を全世界に披露する契機ともなったことは間違いありません。そのことを一人の台湾人として何よりうれしく、そして誇りに思うのです。

李登輝より日本へ　贈る言葉 ◉ 目次

第二章　李登輝の台湾革命

第三章 中国の歴史と「二つの中国」

第四章 尖閣と日台中

第五章　指導者の条件

第六章 「武士道」と「奥の細道」

第七章　これからの世界と日本

◉本文中の台湾の地名の読み方については、日本統治時代の呼称に従い、戦後に誕生した地名については北京語発音に従った。

撮影――淺岡敬史（カバー・本文各章扉）
早川友久（第五章扉）

第一章

再生する日本

日本が明るくなった

日本が元気を取り戻してくれて、本当によかった。

安倍晋三氏が総理に復帰して第二次安倍政権が誕生し、大胆な金融政策を打ち出したとたん、日本全体が明るくなりました。二〇二〇年の東京オリンピック開催が決まり、日本中が喜びに沸きました。メディアの姿勢にも変化が見られます。正しい方向に舵を切りさえすれば、それだけで社会は変わるのです。これはほかの日本の政治家にも見習ってほしいところです。

これまで日本政府は中国の顔色ばかりうかがい、台湾の存在をほとんど無視してきた。安倍総理はそういう流れも一気に変えました。日本政府が二〇一三年三月十一日に主催した東日本大震災二周年追悼式には、各国の外交使節に混じって献花する台湾代表の姿がありました。

前年の追悼式では、世界最多の二百億円超という多額の義捐金《ぎえんきん》を送った台湾を、民主党政権は中国の批判を恐れて指名献花から外しました。この非礼に対して、日本国内でも多くの批判があったと聞いています。安倍総理はそれを正したのです。

また安倍総理は、交流サイト「フェイスブック」上で台湾の支援に言及し、「大切な日本の友人」と表現した。多くの台湾人がこれに感動しました。

安倍総理は、歴代の日本の政治指導者がみせた〝媚中《びちゅう》〟外交を払拭し、激変する国際社会に適切に対応しています。

就任早々、ＡＳＥＡＮ（東南アジア諸国連合）各国を歴訪したのは素晴らしいことです。中国や韓国の理不尽な要求に屈せず、アジアで主体性を持った外交を展開しようとしている。日本は、世界のためにアジアの指導者たるべきなのです。

それからＡＳＥＡＮ（東南アジア諸国連合）各国を訪問し、モンゴル、サウジアラビア、ＵＡＥ（アラブ首長国連邦）、トルコを回り、ポーランドも訪れた。来日したインドのシン首相と会談し、ロシアを訪問してプーチン大統領とも話し合った。

これは緩《ゆる》やかな中国包囲網ともいうべきもので、実に賢明な外交です。しかも、訪米の際にはオバマ大統領に「尖閣諸島は日本の領土である。われわれはいかなる侵略も許さない」と明言しました。

その中国には、総理に就任早々、習近平《しゅうきんぺい》総書記宛ての親書を公明党の山口那津男《なつお》代表に託しました。ところが習近平は、この親書を初めは受け取ろうとしなかった。これには驚きました。はっきり申し上げて、国家の指導者としてはあまりに拙劣なやり方です。まだまだ権力を掌握できず、地位が万全ではないから、下手に受け取って批判を受けるのが怖かったのでしょう。おそらく周囲に諭《さと》されてようやく受け取ったのだと思われます。

私だったら、手紙を携《たずさ》えてきた山口氏にすぐ会って、「いらっしゃい、お手紙ありがとう」と挨拶するでしょう。そして、こう伝えます。「いまはまだ安倍総理と話し合う場を決めかねますので、いずれ調整してからお返事します」。このように言えば何も問題はない。

ところが、それができないから、ぐずぐずと山口氏との面会を引き延ばした。結局、指導者としての習近平はまだまだその程度の存在だということです。

安倍総理によって攻勢に転じた日本外交

安倍総理の外交には、攻める立場からの戦略的な姿勢が感じられます。対中国という課題に対して、二国対峙《たいじ》型ではなく、日米同盟はもとより、ＡＳＥＡＮ、さらにインドやオーストラリアとの連携強化という多面的な視点でとらえています。

これらの国々は、日本の集団的自衛権行使を認めています。アメリカやオーストラリアは積極的な支持を表明しました。「日本の軍国主義化」などと筋違いな反対をしているのは中国と韓国、それに日本の一部マスコミと知識人だけと言っていいでしょう。

数年前の鳩山（由紀夫）民主党政権は、「東アジア共同体構想」なるものをしきりに唱《とな》えていました。鳩山氏はいまもなお「東アジア共同体研究所」という団体の理事長だそうです。

しかし、日本が東アジア共同体の主導権を握ることを中国が許すはずがない。氏はそれが日中の新たな関係を築くというようなことを言っていましたが、中国人は笑っていた。アメリカ一極集中の時代が終わりを告げ、西太平洋の覇権争奪の時代が始まっているいま、「東アジア共同体」などを掲げる鳩山氏の頭のなかは、失礼ながら、どうなっているのでしょうか？

西太平洋の覇権争奪戦とは、マラッカ海峡から対馬海峡に至るシーレーンの主導権をどこが握るかということです。そのシーレーンの中心に台湾がある。アメリカはそれを視野に入れて軍事戦略を描いています。アメリカの西太平洋における軍事力がグアムに集中しつつあるのがその証拠です。

西太平洋における覇権争奪戦は、中国、ロシア、アメリカの三国で、あるいは中国・ロシア、そしてアメリカが二つの軸となって争うことになるでしょう。

こうした西太平洋をめぐる情勢のなかで、日米同盟の今後のあり方、そして良好な日台関係がきわめて重要であることは言うまでもありません。

日本は消極的な平和主義憲法を脱し、新たな軍備を構築する必要があります。それを期待している国々と連携しつつ、積極的な歩みを進めなければなりません。

尖閣を狙う中国は、二〇一三年十一月、一方的な「防空識別圏」を設定しました。これは尖閣諸島を含む東シナ海上空の広い範囲に及び、中国の〝指示〟に従わない航空機には

「防御的な緊急措置」をとると脅《おど》しています。

また、北朝鮮の三代目指導者、金正恩《キムジョンウン》は、義理の叔父で同国ナンバー2の張成沢《チャンソンテク》を〝国家転覆の陰謀行為〟を働いたとして死刑を即時執行したばかりか、議場から連行され、裁判に引きずり出される張成沢の写真を公開しました。若い〝将軍〟とミサイルの暴走がいよいよ始まるかもしれません。

韓国の相も変わらぬ反日宣伝は、ついに韓国国内にとどまらず、全世界に向けてヒステリックなまでに行われています。日本は、こうした国々に取り囲まれているのです。

日本政府の断固とした態度が望まれることはもちろんですが、安倍総理が進めているデフレ脱却策が成功し、日本経済再生が実現すれば、中国をはじめとする周辺諸国との力関係もおのずと変わってきます。安倍氏の脳裡には、そうした積極的な展望が描かれているようです。結果さえ出せれば国民は必ず理解してくれます。安倍総理には、信念にしたがって躊躇《ちゆうちよ》なくめざすところへ向かっていただきたい。

アベノミクスと「失われた二十年」

安倍総理は、就任早々「アベノミクス」という大々的な経済政策を打ち出しました。その第一歩として、デフレ脱却のために事実上の為替相場の切り下げを行いました。これは大正解です。これこそ経済再生という日本の進む道を切り拓く唯一の方法と言えます。

私は十数年にわたり、日本が経済的苦境を脱するためにはインフレ目標を設定するなど大胆な金融政策を採用すべきこと、同時に大規模な財政出動を実施して経済を強化することの必要性を建議してきました。まさにいま「アベノミクス」によってそれが実現されようとしているのです。

この二十年間に、日本の国力はすっかり衰退してしまいました。かつての日本は全世界のGDPの十六パーセントを占める経済大国でしたが、いまでは八パーセント以下となり、GDP世界第二位の座から第三位に後退してしまった。そのきっかけとなったのが、一九八五年の「プラザ合意」でした。このプラザ合意が日本経済に致命的な打撃を与えたのです。

ドル高に悩むアメリカは一九八五年九月二十二日、ニューヨークのプラザホテルで、日本、イギリス、フランス、西ドイツのG5（先進五カ国財務大臣・中央銀行総裁会議）で、プラザ合意と呼ばれるドル高是正、すなわちドル安に向けての取り決めを結びました。

この合意の結果、それまで一ドル二百三十五円だったレートが、百五十円になった。この円高はその後も高水準を保ったまま、二〇〇八年のリーマン・ショック以降、さらなる円高が進みました。

いったい日本政府は何をしていたのでしょうか。

一ドル二百三十五円が百五十円もの円高になったら、カネ余り現象、つまりインフレーションが起こるのは目に見えています。なぜそれに気づかなかったのか。知っていたとしたら、なぜ放置したのか。どうして金融引き締めなどのインフレ対策をとらなかったのか。当時の日本政府をはじめとする日本の指導者たちは情けないとしか言いようがありません。

それに対して、われわれは適切な対応をしました。だから台湾ではインフレが起きなかった。

私が副総統だった一九八五年には一ドルが四十台湾元でしたが、アメリカはそれを二十五元まで上げろと圧力をかけてきました。その際、私が台湾大学経済研究所の教授だったときの教え子、陳昭南や梁国樹などの専門家たちがインフレ対策として長期的措置七カ条、短期的措置七カ条、計十四カ条を提案してくれました。それを蔣経国総統に建言し、結局、弱腰の行政院長がそのなかの一条だけを採用した。

それは商業銀行に外貨の預金制度をつくることでした。外貨が入ってきたら、商業銀行に預金《プール》できるようにしたのです。中央銀行と違って、商業銀行は紙幣を発行できない。だから市中にカネが流れず、台湾ではインフレにならずにすんだ。

日本では外国から入ってきたお金がどんどん日本銀行に流れ込み、日銀は何の対策もとらず、紙幣を刷り続けました。グローバリゼーションという国際的な経済状況の変化によって、お金でお金を買う時代が到来していた。つまりお金自体が〝商品〟になったのです。お金は投機の対象となり、その売買が経済全体を動かし始めた。それでも日本銀行は円を発行し続けました。

それによってお金が洪水のように街に溢れ、日本は空前のバブル景気を迎えました。余ったお金は投機の対象を求めて株や不動産へと向かい、その結果、土地の値段は天井知らずの高騰を続けました。金利も上がる。お金を借りて、投機ばかりやっているから、不良債権がどんどん増えていく。

超インフレのせいで日本企業は国内でやっていけなくなり、中国や韓国など国外に出ていった。日本企業の資本と技術の投入によって、中国は大発展を遂げました。韓国も同じです。

バブルがピークに達してから、日銀はようやく金融引き締め政策を取り始めましたが、あまりにも遅きに失した。たちまちのうちに地価は下がり、株が暴落して、倒産が相次ぎました。銀行は不良債権を抱え込み、一挙に経済が停滞してデフレとなり、日本は長期にわたる大不況に陥った。いわゆる「失われた二十年」が始まったのです。

日銀改革に期待

日本経済は一時的に回復傾向を見せましたが、それはあくまで輸出に頼ったものでした。国家的プロジェクトとしてさまざまな分野で思い切った政策を打ち出すべきところを、政府はほとんど何もせず、また、国内の諸問題を放置したまま、日本は二〇〇八年のリーマン・ショックに端を発した世界金融危機を迎えることになったのです。

歴代の総理は、この経済の難問に取り組んできましたが、考え方が根本的に誤っていたため、その政策はまったく成功しませんでした。

野田前総理は、国民が苦しんでいるのに、消費税を増税すると言い出しました。私は野田総理に、「よく考えなさい。〝増税〟と言うのは簡単だけど、経済が落ち込んでいるときに、さらに苦しい生活を強いると、国民が守り続けてきた日本精神まで失われてしまいますよ」と提言しましたが、結局、押し通してしまった。消費税率を上げて、慢性的な不況で減り続けている税収を確保しようという、自分たちのことしか考えない財務省の言いなりになっていたのです。確かに安倍政権も消費税の増税を決断しました。しかし、増税前に経済がうるおう政策を施している安倍政権と、無策のまま増税をしようとした野田政権のやり方とでは根本的に異なります。

政治家も官僚も経済学者も問題でしたが、いちばん責めを負うべきは日本銀行でしょう。私の見るところ、日本経済が「失われた二十年」と呼ばれる大不況に見舞われた根本の原因は、金融政策を担う日本銀行が、一九九〇年代以降、誤ったマネージメントを行ったことにあると思います。

デフレの不景気下にあるにもかかわらず、インフレを恐れて物価上昇率をゼロに抑え、あとは政治家と財務省に責任を押しつける日本銀行のやり方は明らかに間違っていた。

日本の中央銀行である日本銀行は一九九七年の日銀法改正によって政府から「独立」しましたが、中央銀行は国の政策と経済の変化に対して中立的な立場をとるのではなく、積極的にサポートしなければなりません。

中央銀行に与えられている「独立性」とは政策目標の独立性ではなく、手段の独立性です。すなわち、国家の重大目標をいかなる手段によって達成するかであって、政府の許可なく勝手に目標を定め、その施策まで独自に判断することはできません。

それを白川(方明《まさあき》)前総裁は勘違いして勝手な政策をとっていた。しかも、いくら判断を誤ろうと、現日銀法では内閣は総裁以下、政策委員も罷免できないことになっている。

だから、安倍総理が実質的に白川総裁を更迭し、デフレ脱却のための「異次元緩和」を唱える黒田東彦《はるひこ》氏を新総裁に据えた、あの手腕はみごとでした。

経済の苦境を打開するには、黒田新総裁が二パーセントのインフレ目標を設定したように、大胆な金融策を採用すべきです。同時に大規模な財政出動によって、経済を強化する。

私は二〇〇三年、すでに「いまの日本は唯一、為替レートを下げる以外に道はない」と『論争・デフレを超える―31人の提言』(中公新書ラクレ)に寄稿しています。為替レートを下げることによって、日本の輸出を増加させる。輸出を増加することによって日本の経済成長率が伸びる。成長率が伸びれば、失業者が減って景気がよくなる。

ところが、日本では国際関係への配慮から、円安政策はタブー視されてきました。為替レートを調整すると他の国から批判が出る。円安政策は他国に失業を輸出する近隣窮乏化政策だという批判もありますが、輸出が伸びて国内景気が回復し、日本経済が上向けば自然と輸入が増え、それによって他国も利益が得られるのだから、心配することはない。大事なのは指導者の決断です。

以前から「デフレにいちばん効くのは金融緩和である」と断言しておられた優れた経済学者、浜田宏一氏を内閣官房参与に起用したことにも、安倍首相の決意のほどが表れていました。

先述した『論争・デフレを超える―31人の提言』に収められた論文のなかで、私は次のように指摘しました。

「デフレは単に経済的な問題ではなく、日本の政治指導力の問題だ。日本は米国依存と中国への精神的隷属から抜け出さなければ、今の苦境を脱することはできない。国際社会における日本の経済的自立、精神的な自立こそがデフレ脱却の大きな鍵だ」

安倍総理は現在、金融政策だけでなく、大胆な国内投資の実行も政策として掲げています。これまで日本は「国債の発行残高が多すぎる」「もうそんな金はない」などの理由で大型の公共事業に対して批判的な声が高かった。

しかし、安倍総理は十年間に二〇〇兆円という「国土強靭化計画」を実施しようとしているそうです。一国の経済の舵取りには強いリーダーシップが不可欠です。安倍総理にはそれがある。私は安倍総理のリーダーシップに大きな期待を寄せています。

「原発ゼロ」の非現実性

再生に向けて、いま日本が抱えている大きなテーマに、経済に深くかかわるエネルギー問題、すなわち原子力発電の問題があります。福島第一原発事故のせいで、いま日本では「原発ゼロ」、つまり原発をすべてなくせという声がある。原爆投下による世界唯一の被爆国である日本では、今回のような事故が起こると、核開発はもちろん、原子力発電に対しても拒絶反応が起きるようです。

しかし、台湾と同様、日本も石油や天然ガスなどのエネルギー資源のない国ですから、やはり原子力に頼らざるを得ない。天然資源には限りがあり、すでに枯渇しかかっているのですから、「原発ゼロ」というのはあまりに非現実的です。エネルギーを輸入に頼れば経済も圧迫されます。

「脱原発」に舵を切っているドイツは、ソーラーエナジー（太陽光発電）を導入するそうですが、ソーラーエナジーは雨や雪が降ると使いものにならない。そこで、いまアフリカのサハラ砂漠に巨大な投資を行っています。そこからドイツまで、どうやって送電するのでしょうか。莫大なロスが出ることは目に見えている。とても現実的なやり方とは言えません。ソーラーエナジーや風力発電、あるいは海流や潮力による発電などには限界があると私は見ています。

指導者としては、市民運動などに付和雷同して「原発は危険だ」だとか「脱原発」だとか軽々しく口にすべきではない。それよりも、安全な原子力発電の研究を徹底して行うべきでしょう。原子力発電には別の新たな方法がいくつかある。国際的にもその研究はかなり進んでいます。

現在の原発のモデルはアメリカのGE（ゼネラル・エレクトリック社）が原子爆弾製造のため、いわゆる「マンハッタン計画」のためにつくった核分裂による方式です。ウラニウムを原料としているので、プルトニウムという副産物が必然的に生み出されます。広島に落とされたのがウランを使用した原爆、長崎に落とされたのがプルトニウム原爆です。実に残虐極まりない暴挙でした。

ウランを核爆発させると必ずプルトニウムができる。プルトニウムは放射線量と毒性が強く、半減期（放射線の強さが半減するまでの時間）が二万年以上と言われています。

放射線以外にも、核分裂を起こしたときに起こる熱と、それによって発生する、発電機を回すための水蒸気の熱、その両方を冷やすための冷却装置が問題になります。福島第一原発事故でも、冷却装置が停止して大混乱に陥りました。

ですから、原爆をつくるために開発されたＧＥの方式は廃棄して、ウランとプルトニウムを使わない原子力発電を考えればいい。原子力発電所は危険だからやめようなどと短絡的に考えず、新しい燃料で、新しい方向性を追求すべきです。

日本には能力のある研究者が大勢います。国の将来を思えば、そういう人材を生かさなければなりません。

日本がめざすべきは「原発ゼロ」ではなく、「安全な原子力発電」です。先ほども言ったように、現在の原子力発電は、「核分裂」を利用しています。これを「核融合」による発電に切り替えるのです。

いま、世界が実現を待ち望んでいる「核融合」発電こそ、日本人がなすべき大仕事です。こうした分野の研究は台湾ではほとんど手が付けられておらず、大学や民間の研究機関での研究が進む日本の状況は、台湾から見るとうらやましくさえ思います。

とはいえ、こうした研究に対する日本政府の援助は十分とは言えません。こういう状態が続くと、研究者たちは外国で仕事を続けるしかなくなる。日本にとっては大きな損失です。

福島の原発事故のあと、アメリカのヒラリー・クリントン前国務長官は、日本が原発から手を引くことを憂慮したといいます。原発の問題は、エネルギーだけではなく、安全保障にも絡んでくる。日本が原発を放棄すれば、研究者や技術者が海外に出ていってしまう。

そうなると、重要な技術が中国その他の国に流出するかもしれない。アメリカはそれを恐れたのです。

夢の「核融合」発電

核分裂による発電はウランとプルトニウムを燃料としていますが、核融合の燃料は水素です。海水から水素を取ればいいのですから、もしこれに成功したら、もはや石油は要らなくなります。世界のCO_2問題も解決する。環境保護の面からも大きな意義があるのです。ウランを使わないから、爆発もない、再臨界もないし、メルトダウン（炉心溶融）も起こさない。安全で、もちろん放射線による汚染もない。高レベル放射性核廃棄物も出ません。

水素は海水から取ればいいのですが、水の化学式はH_2Oで、水素の分子は2しかありません。しかしこれをナノテクノロジー（十億分の一メートルの精度による加工・計測技術）によって10に引き上げる技術があります。それを使えば、低コストで多量の水素が得られる。これは日本の大学や企業ですでに研究が進んでいて、理論的にはもうわかっている。設備を整えて実用化するには、まだある程度の時間がかかるかもしれませんが、可能性は十分にあります。

常温、つまり室温で水素原子の核融合反応を起こす「コールド・フュージョン（常温核融合）」という技術があります。

すでに一九八九年、アメリカ・ユタ大学のポンズ、イギリス・サウサンプトン大学のフライシュマンという二人の教授が、水素融合によるこのコールド・フュージョンに成功しています。ところがこのとき、ハーバード大学やマサチューセッツ工科大、シカゴ大学やイェール大学などの物理学者たちから批判が相次いだ。実験に成功したといっても、理論的に説明されていないと猛攻撃を受けたのです。その結果、二人の教授は大学を去らざるを得なくなりました。この猛攻撃の背後には、核分裂方式を開発したＧＥ、それに石油の利権を持っている人々がいたと言われています。

ソ連でも、水素の核融合、コールド・フュージョンに成功した学者がいましたが、やはり抹殺された。ソ連は天然ガスや石油の資源国だから、そのようなものを開発されては困る。

アメリカの海軍研究所でも、その研究が継続的に行われていて、それが可能であることは確実にわかってはいるけれど、表に出てきません。既存のエネルギーで莫大な利益を得ている連中が許さない。御用学者を雇って理屈を並べて攻撃するか、何らかの方法で抹殺してしまう。

そういう圧力に屈せずに、新たな技術の開発を進めるためにはメディアの力も必要でしょう。新技術の研究についての事実を、マスメディアは科学的な立場からどんどん国民に知らせていかなければならない。はっきり申し上げて、「原発は何でも危険」と言いつのるいまの日本のマスコミは非科学的としか思えません。

トリウム小型原発の可能性

「核融合」発電には、ほかにも磁気でプラズマを閉じ込めてエネルギーを得る「磁場核融合」や、小さなカプセルに重水素などの燃料を入れてレーザーで撃つ「慣性核融合」などがあります。これもいま研究が進められているところです。

核融合による方式が、いまのところ〝未来の原子力発電〟であるとして、当面、核分裂を利用せざるを得ないとしても、実はGE方式よりずっと安全な原発をつくることができるのです。

それはトリウムという元素を使うやり方です。これにも大きな可能性がある。

トリウムはウランより埋蔵量が多く、発電効率が高く、核廃棄物が少ない。メルトダウンも起こりにくく、プルトニウムを生成しないため核兵器への転用が難しい、などの利点があります。このトリウム原発（トリウム溶融塩炉）なら、冷却装置も必要ないので、福島やチェルノブイリのような事故は起きません。

このトリウム原発は、実は新しい技術ではありません。一九六〇年代からすでに提唱されていたのですが、技術的な問題以外に、核開発競争が盛んだった当時としては、核兵器への転用が難しいというメリットが逆にデメリットと見なされたのです。しかし、原発の安全性を求める声が高まり、イランや北朝鮮などの途上国による核兵器開発が問題になっている今日、再び注目が集まっています。

日本には、二〇一一年に亡くなった古川和男博士が長年研究を続けてこられた実績があります。第一次安倍政権の教育再生会議で委員を務め、いまは静岡県知事である元早大教授の経済学者、川勝平太氏もトリウム原発を提唱している。中部電力では基礎的な研究を進めているそうです。

海外に目を向けても、アメリカや中国で研究が始まり、ノルウェーとイギリスが協力して実験を開始しています。私とも仲のいいマイクロソフト社会長のビル・ゲイツは、トリウム原発の技術開発を行うベンチャー企業に十億ドルを投資して話題になりました。

しかも、このトリウム原発は小型化できる。発電量が三百万とか四百万キロワットの現状の原発とは違い、たとえば千キロワットから数万キロワットの小型溶融塩原子炉がつくれる。これをたとえば東京なら都庁の屋上に据えるのです。福島から送電するより、ずっと効率よく東京圏の電力を賄える。

台湾では「南電北送」という政策をとっていて、発電所はほとんどが南部にあります。

本島の最南端、鵝鑾鼻《がらんび》にある第三原子力発電所からも、遠路はるばる北部まで電力を送っていますが、送電の間に四〇パーセント近くもの電力損失がある。それだけでなく、一九九九年に起きた台湾の大地震のときのように何カ所もの変電所が被害を受ける可能性もある。このときには台湾北部の電力が七百万キロワットも不足する事態が起こりました。

そのため、いま北部の新北市に第四原子力発電所を建設しているところなのですが、それに対する大きな反対運動が起こっている。それくらいならむしろ、国営の台湾電力を民営化して、六社くらいの電力会社に分割し、各県に一つずつ小型のトリウム原発をつくったほうがいい。

十万キロワットくらいの小さな原子力発電所が各県にあれば、一つの県が使う電力は十分に供給できます。そうすれば、電力の損失もない。

そもそも長い距離を通って遠隔地に送電するというやり方が間違っているのです。将来の原発は、百万キロワットなどと言わず、十万キロワットくらいの発電所を各自治体が持つような形がいちばんいい。

日本や台湾のようなエネルギー資源のない国は、原発に賛成か反対かという二者択一ではなく、第三の道、すなわちいかにして安全な原発をつくるかという議論をしなくてはなりません。日本の技術をもってすれば、それは十分可能です。その第三の道こそ、日本再生の道です。

安倍新政権の使命の重大さ

第一次安倍政権のときには、なぜうまくことが運ばなかったのか。私に言わせれば、順序を間違えたのではないかと思います。

あのときには教育基本法の改正をはじめとする優れた政策を打ち出していましたが、憲法改正を最終目標とする「戦後レジームからの脱却」を急ぎすぎたと言えるでしょう。

私が設立を勧めた国家安全会議も、結局、第一次政権ではできませんでした。国家安全会議とは、私が台湾総統時代に非常に有効に機能したシステムです。日本で言えば、内閣の会議とは別に、国家の重要事項と政策を決める場所として、すべての大臣に各省の案を提出させ、自主的に発言させて討論する。ここには日銀総裁も参加させます。最終的に総理が出した結論を各省庁に持ち帰って官僚に実行させる。

日本の政府の組織にはいろいろと問題があり、官僚の言いなりになる大臣も多いのですが、このようにすれば総理の仕事は実にやりやすくなります。安倍総理もそれをやろうとしたのですが、反対する閣僚がいて、残念ながら実現しなかった。

今回、安倍総理は国家安全保障会議(日本版ＮＳＣ)を創設しましたが、これも第一次政権ではできなかったことです。あのときは安倍総理の次に総理大臣になった福田康夫氏が「現存の安全保障会議で十分機能する」と言って撤回させてしまった。今回、国家安全保障会議創設の法案を通したことは大きな前進です。

第一次政権時におけるこうした蹉跌《さてつ》への反省から、第二次政権ではまず、日本経済を根底から改革する大規模な経済政策、いわゆる「アベノミクス」を打ち出しました。経済再生が実現すれば、おのずから国民生活も、国際関係もいい方向に向かっていく。政策の方向と手順をよくわきまえていることが感じられます。

二〇一二年十二月十六日の衆議院総選挙で自民党と公明党が圧勝し、第二次安倍政権が誕生したことは、日本再生の最後のチャンスが与えられたとも言える出来事でした。選挙で圧勝したにもかかわらず、当日の安倍氏には笑顔がほとんど見られなかった。そこに、安倍新政権に託された使命の重大さに対する自覚がうかがえました。

そうして二〇一三年七月二十一日の参議院選挙にも勝利した。これで長期的な安定政権が可能になりました。

これからは順調に政策を実行することができます。少しずつ第一次政権からの課題に手をつけていくでしょう。国家安全保障会議の設置、集団的自衛権の行使、そして最終目標である憲法改正などに、強いリーダーシップを発揮して戦後日本の積年の課題に取り組み、日本再生を果たしていただきたいと思います。

当面の課題は東北の復興事業と、全国の老朽化したインフラの整備をはじめとする、二パーセントのインフレを目標にした公共投資。これはやはり早急にやらなくてはならない。

日本の住宅の改革も必要だと思います。日本人一人当たりの居住面積は台湾より小さい。一人当たり五万ドル近い世界有数の国民所得がありながらそんな小さな家に住んでいるのです。だから、住宅の改造を思い切ってやっていく。地方自治体と連携して都市計画を行い、都市の住宅の面積を現在の二倍くらいにすれば、国内消費が格段に伸びる。テレビも冷蔵庫も必要だし、ソファもベッドも必要だから、家電や家具の消費も伸びて、景気が上昇する。インフラ整備よりも、直接的な効果があると思います。

ＴＰＰに参加することになれば、日本の農家の半数は大きな打撃を受けるでしょう。それを機に企業化、近代ビジネス化を進め、強い農業をつくる必要があります。

そういうこともやらなくてはいけないが、最終的には現在の日米関係の転換が大きな課題になるでしょう。アメリカに対して、「アジアは日本が背負って立つ。アジアの安定は日本が責任を持って取り組む」とはっきり言えるようにならなくてはならない。

そのために必要なのは、日本が米軍から独立した軍備を持つこと。そして、憲法を改正すること。いまの憲法はアメリカが敗戦国日本に押しつけたものだから、不平等な面がたくさんある。第九条をはじめ、いろいろと修正しなくてはならない点があります。それをアメリカに認めさせて、そのかわり、日本は自立した国家としての責任を持つ。これは現在の日本にとって究極の課題と言えるでしょう。しかし、それはまだ先の話です。

安倍総理へのエール

長年にわたる政治活動を通し、私は一国の最高指導者の条件として「明確な目標を立てる」「信仰は力である」「方法論を持つ」ことなどの重要性を学んできましたが、安倍総理には「謙虚と冷静さ」の大切さをメッセージとして伝えたいと思います。

日本の経済状態が上向いて国民の気持ちが和らいだこともあり、いま安倍総理には国民の高い支持が寄せられています。そのことに総理は絶えず感謝の意を表すべきです。そして自民党の古参議員や若手・新人議員、また野党やマスメディアに対しても辞《じ》を低くして、自分のめざすところを説明していく姿勢が必要となります。頭を下げて意見を求め、それに耳を傾ける。人間は謙虚な人間に対しては協力したくなるものです。そうして少しずつ難関を突破していく。

いまの様子を見ていると、安倍総理は、第一次政権の反省を生かして、拙速に動くことをせず、手順を踏んで一歩一歩進んでいるように思えます。これは非常に正しい戦術です。

私も台湾の民主化推進に当たっては、民主的な手続きを一つ一つ踏んでいきました。しかし、こうした過程で生まれる摩擦は、すべて指導者のせいにされます。「民主化などと言っているが、こんなことしかしていない」あるいは「民主化を進めるなどと言っているが、おざなりのことしかしていない」などとよく批判されました。それでも指導者にしてみれば、それを高圧的に切り捨てるようなことはできないし、既得権益を持っている人たちを強硬に切り捨てるようなことも難しい。

『聖書』の「コリントの信徒への手紙」第十三章に、愛について述べた一節があります。〈愛は寛容にして慈悲あり。愛は妬《ねた》まず、愛は誇らず、驕《たか》ぶらず、非礼を行わず、己の利を求めず、いらだたず、人の悪を念《おも》わず、不義を喜ばずして、真理の喜ぶところを喜び、おおよそ事忍び、おおよそ事信じ、おおよそ事望み、おおよそ事耐《た》うるなり。〉

相手の身になって考え、自分の利を求めず、事を達成する。これこそが愛であり、また私にとっての「政治」でもありました。そして愛は「事忍び、事耐うる」ことでもある。同時に、政治においても忍び耐えることがいかに大切であるかを、私は身をもって体験してきました。

政治家が心しなくてはならないのは、問題に直面したとき「直線で考えない」ということです。目的地にたどり着くための直線を引くことをやめ、最短距離を見つけようとはせず、むしろ回り道を見つけ出そうと努めるのです。

高速道路のターンパイク（料金所）を通過するのが回りくどいからといって、まっすぐ伸びている一般道路を走ったあげく、渋滞に巻き込まれて動きがとれなくなるということがよくあります。回り道のように見えても、ターンパイクを通ったほうが、ずっと早く目的地にたどり着ける。これを「ターンパイクの理論」と言います。

政治においては、この理論が当てはまるケースが多く見られます。ことに目標が大きければ大きいほど迂回作戦が必要であり、直線的な発想は慎まなければなりません。

政治には時間が必要です。政治の資源は時間であるとも言えます。結局、政治は忍耐なのです。「時」を待ち、耐え忍ぶ勇気こそ、真の「武士道精神」と言えるのではないでしょうか。

昭和天皇も、政治指導者が理想とすべき「武士道」を体現されたお方でした。だからこそ、あのマッカーサーもたちまち陛下に心服したのです。そこで、その陛下の「武士道精神」がよく表れた次の御製《ぎょせい》を、私から安倍総理に贈りたいと思います。

ふりつもるみ雪にたへて　いろかへぬ　松ぞををしき人もかくあれ

第二章

李登輝の台湾革命

自我に苦しんだ少年時代

私の父親の李金龍は、日本の警察学校を卒業して十数年間、刑事をしていました。当時の台湾では警察学校のような高等教育機関まで進む者はきわめて少なく、同じく官費の師範学校を卒業した教師たちと並んで、一種のエリート層に属していたと言っていいでしょう。母の江錦は地方の保正(村長)の娘でした。加えて家では雑貨屋や肉屋も営んでいたので、私は経済的にはかなり恵まれた環境で育ちました。

父は、恩給の出るまで警察に勤めた後、故郷三芝に戻って水利会の組長や農村組合の経理などを歴任し、戦後は県会議員になりました。父が警察に勤めているあいだは転勤が多く、私は国民学校を六年に四回も転校することになり、そのせいで友だちがなかなかできず、ひとりで絵を描いたり、本を読んだりして過ごすしかありませんでした。この経験は、多感な少年をいささか内向的で我の強い人間にしました。

私には兄がいましたが、兄は祖母のもとで育てられていたので、母は私を溺愛しました。食事のときなど、売り物である豚肉のなかで最もよい部位を切り出して私の前にどっさり並べたりするのです。このような状況で大切に育てられすぎた私は、自我の目覚めとともに「こんな甘やかされた生活を送っていたら、自分が完全にダメになってしまう」という危機感を抱くようになりました。

しかも、私は幼いころから気性が激しく、社会的正義感も強かった。地主である私の家にものを納めにくる小作人が、小作の継続を哀願していくのを見て、同じ人間に生まれながらどうしてこのような格差が生まれるのかと子供心に憤りを感じていました。

おそらく私は自我の目覚めが早く、読書によってさらにそれが加速したのでしょう。私はますます自我に執着し、強情を張って、母を泣かせることもしばしばでした。母は息子のあまりの我の強さと感情の激しさにただただ驚くばかりだったでしょう。

そこで、私は母と話し合って自宅を離れることを許してもらい、自宅から十五キロほど離れた淡水中学校に転校して、慣れない下宿生活を始めることになったのです。

この〝独立〟の経験は、人間はさまざまな人間関係を通して生活を営んでいるのだということを私に教えてくれました。他人の家で生活していれば、否応なしに自分の立場を考えざるを得ない。日本のことわざにあるように、「居候、三杯目にはそっと出し」ということになるわけです。

強まる自我を抑えるために、鈴木大拙《だいせつ》の本を読んで座禅を組んだり、真冬に川に飛び込んだりして、修行のようなこともしました。学校では人の嫌がる仕事を率先して引き受け、「使役《しえき》」という奉仕活動の時間では「ぜひ便所掃除をやらせてください」と先生に頼んで、できるだけつらい仕事を選ぶようにしていました。苦役に耐えられるかどうかが自らに与える最大の課題だったのです。戦局が激化したため京都帝国大学時代に学徒兵で召集されたときも、「歩兵にしてください」と志願し、「どうしてあんなところに行きたいんだ」と笑われました。

小我をなくして大我につく

高等学校に入ってからは、西洋・東洋を問わず多くの古典を読むようになりましたが、とくに日本の思想家や文学者の本を熱心に読みました。おかげで日本の思想が私に深く根付くことになりました。

岩波書店から出ていた『夏目漱石全集』は何度も読み、上京した田舎の青年が悩みながら成長していく『三四郎』を愛読しました。また、当時の高校生に人気があった阿部次郎の『三太郎の日記』を読んで、人それぞれが自分なりに精いっぱい生きることで報われるという考え方に共鳴しました。自我に苦しんでいた私は、倉田百三《ひゃくぞう》の『出家とその弟子』の最後で、教えに背いて恋をしたため「全否定」していた弟子に対し、親鸞が「それでよいのじゃ。みな助かっているのじゃ……、善い、調和した世界じゃ」と弟子を「全肯定」して許し、こときれる場面には、非常に感動しました。

西洋の古典では、ゲーテの『ファウスト』と、トーマス・カーライルの『衣装哲学』に大きな影響を受けました。『ファウスト』は序幕を暗唱できるくらい、繰り返し読みました。「人生、これでいい」と叫ぶことができたら悪魔メフィストフェレスに魂を渡すと契約して人生をやり直したファウストは、最後にすべてが調和した国に向かって、「止まれ、おまえはいかにも美しい」と口にしてしまう。魂を奪われそうになった瞬間、ファウストの罪は浄化され、彼の魂は天使たちに守られて天上に昇って行くのです。

『衣装哲学』の「衣装」とは、宇宙のあらゆる象徴、形式、制度はしょせん一時的な衣装にすぎず、本質はそのなかに隠れているということを意味しています。つまり、深遠なる哲学も形として行為に移されて初めて意味を持つ。現実のなかにわれわれの理想を発見することが最も大切なのです。そして、決して自分のためではなく、すべてを肯定する態度で人々のために働かなければならない。

若き日の私は、こうした読書によって救われ、人生の生きがいを見出しました。これらの古典から得られたのは、いかにして自我を生かすかということでした。自我を否定することによって、逆にすべてが肯定できる。小さな自我をなくして大我につくということです。それが一切を肯定することになる。私は、こうして唯心論的な考え方にたどり着きました。

マルクス主義への傾倒

私の大学生活は京都帝国大学時代と国立台湾大学時代とに分かれます。

一九四二年に、私は京都帝国大学農学部農林経済学科に入学しました。農業経済学を選んだことについては、いくつかの思いがありました。

一つは、子供のころから小作人が小作権を維持するために盆暮れにわが家に多くの貢物を持ってくることが不思議に思われたこと。高校時代に歴史を講義してくれた塩見薫先生が、マルクス主義史観で中国の歴史を語り、それに影響されたこと。さらに、農業問題が台湾の未来に大きくかかわっていると考えていたからです。ただ、進路を決めるうえで最も大きな影響を与えたのはある「人生の先生」との出会いでした。

前述したカーライルの『衣装哲学』を初めて読んだのは、台北高等学校在学中のことでした。これを、台北高校では英語の原書で読まされたのです。日本語訳を少しだけ引用してみましょう。

「このようにして『永遠の否定』は、私の存在の、私の自我の、隅々まで命令するように響き渡っていたが、私の全自我が神に創造された本来の威厳を備えて立ち上がり、力強くその抗議を述べたのはその時だったのである。」

日本語訳でも非常に難解な文章ではありませんか。しかし当時、「自我」や「死ぬということ」について答えを求め続けていた私には、その大意がじんじんと身に沁みてくるのを感じたのです。もっともっと深く知りたいという衝動に駆られた私は、台北市内の書店や図書館を歩きまわり、内外の関連書を読みあさりましたが、「これは」というものに出会うことができず途方にくれていたのです。

そんなある日、台北市内で最大の公立図書館で偶然に手に取ったのが一冊の講義録でした。かつて台湾総督府に在籍し、台湾の製糖業発展に多大な貢献をした新渡戸稲造による講義録(『衣服哲学：新渡戸先生講演』高木八尺編、研究社、一九三八年)です。

新渡戸は毎年夏、台湾の製糖業に従事している若きエリートたちを軽井沢に集めて特別ゼミを開いていたことがあり、その中心教材としてカーライルの『衣装哲学』が取り上げられていたのでした。すでに黄色く変色したその「講義録」を手にしたとき、私は思わず飛び上がって喜びました。そして、何度も何度も読み返しているうちに、原書では十分に咀嚼《そしゃく》しきれなかった「永遠の否定」から「永遠の肯定」への昇華を明確に理解していくことができたのです。懇切丁寧な講義録を精読することにより、私が少年時代から常に見つめ続けてきた自分の内面にある「人間はなぜ死ぬのか」「生きるとはどういうことなのか」というメメント・モリ、つまり死生観に対する苦悩が氷解していきました。

このとき、新渡戸稲造という日本人の偉大さに心底感服したことを覚えています。そしてこの感激は私自身の進路にも大きな影響を及ぼし、かつて新渡戸が専攻していた「農業経済」という新しい学問分野を私自身も究めてみたいと望むようになったのです。

大学進学と前後して、新渡戸の農業経済学における代表的論文『農政講義』をはじめ、あらゆる著書や論文を洗いざらい読み込みましたが、その過程で、ついに出逢ったのが、国際的にも大きな評価を得ている『武士道』でした。これにより、私はよりいっそう新渡戸稲造に心服するようになりました。

「日本人は如何にして道徳教育を施《ほどこ》しているのか」という問いに答えるかたちで日本人の精神を解き明かした『武士道』の著者が、その一方で、西洋哲学の大家による難解な哲学書を解き明かしていることに大きな度量の深さを感じ、まさに「国際人」として新渡戸が持つ世界の広さに感銘を受けたのでした。その意味で、新渡戸稲造は「人生の先生である」と言えるでしょう。

京大時代はまさに戦争のさなかでした。ドイツ出身の宣教師が建てた日独寮というところに住み、食べ物もなくてひもじい生活をするなかで、マルクスとエンゲルスの本を読みあさりました。若いころの論文から『資本論』まで丹念に読みとおし、とくに『資本論』については何度も繰り返し読みました。

ところが、京大にいたのはたった一年で、四三年に学徒出陣で召集され、大阪の第四師団に入隊します。一度台湾に戻って基礎訓練、それから千葉県稲毛《いなげ》の陸軍防空学校で見習士官の訓練を受けてから名古屋の高射砲部隊に陸軍少尉として配属されました。そのころから連日のように空襲があり、罹災《りさい》者の救援に大忙しでした。

やがて終戦。名古屋の第三師団第十軍司令部からいったん大学に戻り、一年後には台湾に戻るのですが、その間、原爆の被害を受けた広島や長崎などいろいろなところを見てまわりました。どの都市も爆撃で破壊され、ひどい状況でした。

それまで私は自我の問題ばかりを考えていたのですが、人間にはよりよい環境が必要であることを痛感し、物質を軽視すべきではないということを学んだのです。

マルクス理論に傾倒し、唯物論者として農業経済の勉強に打ち込んだことは、唯心論一辺倒から解き放たれ、社会的な公正さや制度問題の改善に取り組むためのいいきっかけになったと思います。

しかし、思想的には迷いがありました。物質ばかりでもおかしいのではないかという疑いがずっと頭を離れなかったのです。身体と心、そのどちらも人間の生存には必要なものであり、心のない体では意味がないし、体を持たない心もあり得ないと考えたからです。そういう過程をへて、私は神がいるのかいないのかということを考え始めました。

一九四五年十月二十五日に国民党軍の陳儀台湾省行政長官が上海から米軍機で台北に到着し、「きょうから台湾は中華民国の領土となり、すべての土地と住民は国民政府の主権の下に置かれる」という声明を発表しました。この日をもって、台湾は完全に日本の手を離れたのです。

神奈川県の浦賀港から日本政府が用意した船に乗って、もはや日本人ではなく、台湾人として故郷に帰ることになったときの私は、生きる方向を見失った思いでした。一九四六年のことです。

二・二八事件「犬が去って、豚が来た」

台湾は半世紀にわたって日本の統治下にありました。この間に起きた最も大きな変化は、台湾が伝統的な農業社会から近代社会に移行したことです。日本は台湾に近代工業資本主義の経営観念を導入したのです。

また、新しい教育制度が導入され、近代的な国民意識が培われました。そうして台湾人は自らの地位が日本人に比べて低いことに気づきます。ここに「台湾意識」が芽生えました。「台湾人の台湾」という考えが生まれ、これが、やがて中国の国民党に対抗する力となるのです。

五十年間に及ぶ日本の植民地統治によって台湾が近代化した一方、中国大陸は清朝末期の混乱から国民党と共産党の内戦まで非常時が続き、時代から立ち遅れたままでした。台湾人はあまりにも日本の影響を受けていたから、中国とは社会も考え方もすべてが違い、文明の落差がひどかった。

その〝遅れた〟中国の蔣介石国民党軍が、近代的な台湾に鍋釜を下げて草鞋履きでやってきたのです。基隆《きいるん》に上陸したシナ軍を正装で出迎えた台湾人は、軍靴の音を響かせて颯爽《さっそう》と歩く日本軍とは打って変わったみすぼらしい姿を見て、あっけにとられたといいます。日本の敗戦によって、日本統治から国民党支配に変わった台湾では、役人・軍人など公務員の汚職が横行し、大変な局面を迎えていました。

台湾には「犬が去って、豚が来た」という言い方があります。「犬」は戦前に台湾を統治していた日本人、「豚」とは中国大陸から来た中国人のことです。犬は吠えてうるさいが、番犬としては役に立つ。それに対して、豚は食い散らかすだけで何もしません。大陸からきた中国人に比べれば、日本人のほうがはるかにましだったという台湾人の思いを表しているのです。

失業者は増える、産業は停滞する、物価は上がる。中国大陸の内部事情の影響もあって、台湾は大変な経済混迷に陥っていきました。国民党政府は、「台湾は祖国に復帰した。台湾人は中国人だ」と言っていましたが、台湾人民は、「祖国に戻った」おかげで、日本統治時代よりひどい社会になったと嘆いていました。

中国大陸からやってきた、いわゆる外省人と、内省人（台湾人）との確執が表面化したのが一九四七年に起こった「二・二八事件」です。

台北市で闇タバコを売っていた女性に取締官が暴力をふるったことに端を発した争いが、二月二十八日、台湾全島の暴動に発展しました。それは台湾人による国民党政府への抵抗運動、外来政権に対する台湾人による初めての抵抗でした。

暴動の中心には、日本の軍隊から復員し、日本統治時代とはあまりにも異なる惨状を見て怒りを覚えた人たちがいました。二・二八事件とは、日本と中国の「文明の衝突」でもあったのです。

当時、蔣介石は中国大陸にいましたが、当局は取り締まりの行きすぎを認め、台湾の人々の不満や意見を聞こうと提案して、各都市に「調整委員会」なるものをつくり、市長や議員、県の委員のような指導的役割を果たしている有能な人々を集めて話し合いの場を設けました。

帝国陸軍少尉・岩里政男こと李登輝は復員して台湾に戻り、台湾大学に編入して四年生に在籍中でした。台北で行われている委員会の会合に出かけ、ドアの外から話し合いの内容を聞いていた私は、「委員会は軍隊を送り込むまでの時間稼ぎをしているにすぎない。これは大変なことだ」と感じました。

つまり、台湾における警察・軍隊は暴動によって身動きがとれないので、国民党の陳儀長官は、話し合いという名目で時間を稼ぎながら、中国大陸にいる蔣介石総統に援軍を要請していたのです。果たして二・二八事件から一週間後の三月八日、大規模の国民党軍が台湾に上陸し、抵抗運動の指導者たちを片端から捕らえ、虐殺しました。

知識階級のエリートたちは、そのときにほとんど殺されてしまいました。国民党は本省出身(台湾出身)の知識人を共産主義者と決めつけ、「白色テロ(=戒厳令《かいげんれい》に基づく投獄・処刑・言論弾圧を含む圧政）」を行ったのです。その犠牲者は三万人を下らないと言われています。

台湾の歴史の暗黒時代

普通選挙によって私が総統に選出されることになる時代から当時を振り返ってみれば、まさに暁闇《ぎょうあん》のときというほかない……。

司馬遼太郎氏は、『台湾紀行』のなかで、次のように書いています。

〈台湾では、戦後、大陸から引っ越してきた国家（中華民国）の権力が君臨し、本島人にとって断頭台の刃のようにおそろしかった。いまの年配の人達で、いつこの刃が自分の首に向かって落ちてくるか、という不安を一瞬でも持たなかった人は、いないはずである。

たとえば、アメリカ国籍をもつ三十歳の天才的数学者が、一九八一年七月三日の早朝、台湾大学のキャンパスで変死体になって発見された。巷説《こうせつ》では、かれは〝台湾独立〟をとなえていたという。

「かれは、自分の罪におびえて自殺した」

と、当時、台北の警備当局は発表したらしい（若林正丈著『東アジアの国家と社会②台湾』

東京大学出版会刊、による)。〉

それからずっと後に国民党に入党した私は、九五年に二・二八事件の慰霊碑を建立し、総統・国民党主席として正式に謝罪するとともに、犠牲者に対する補償問題も進めました。しかし、私はあのときどこにいたのかといえば、弾圧される側にいたのです。台湾人として生まれ、台湾の未来を考えながら農業政策を学んでいる情熱的な若者が、あのとき何もせずに閉じこもっていられるはずがありません。

あの事件当時、人々がどのように思い、どのように行動したかは、あの複雑な時代を生きた者にしかわからないでしょう。私は何とか「二・二八事件」を生き延び、「白色テロ」の時代も乗り切ることができました。しかし、この事件を契機に、私は本当に信仰を必要とするようになったのです。

この後、四九年八月に中国大陸から脱出した国民党は中華民国まる抱えで台湾へと移ってきました。蒋介石総統が台湾を統治する時代が始まったのです。

蒋介石による排日教育世代

「恨《うら》みに報《むく》いるに徳を以《もっ》てす」といって、日本からの戦争賠償金を放棄した蒋介石を日本人、とくに保守派の人々は非常に賛美していましたが、実はこれ以降、蔣介石国民党政府は徹底した排日教育を行うようになりました。

学校では「偉大な中国」の歴史が教え始められました。その偉大なる五千年の歴史とは、次章で詳しく述べますが、要するに皇帝と王朝の名前が変わるだけの停滞の長い時間にすぎません。皇帝が統治する大中華帝国とは、名前が変わっても、朝廷が変わっても同じことの繰り返しでした。清朝は前の王朝である明に、明はその前の元に、元は宋の時代に従わなければならない。それが「法統」、つまり異なる一族の皇帝と王朝がかわるがわる大陸を治めた中国の歴史です。法統という形で、皇帝は自分個人の財産と地位と勢力をかためるだけでした。それ以外何もやっていない。

その中国に学べ、ということになった。日本語を話したら処罰される。日本の新聞も雑誌も、映画も見てはいけない。排日教育が徹底的に行われました。同時に、三十八年間にわたる戒厳令が布《し》かれ、言論の自由も、結社の自由も、すべてが奪われました。

そのため、日本統治時代に生まれ育った日本贔屓《びいき》である七十代以上の台湾人とは対照的に、五十代、六十代の第二世代は反日的になってしまった。その世代が、私が総統を辞めた後の陳水扁《ちんすいへん》や馬英九《ばえいきゅう》をはじめとする台湾の指導者たちです。つまり、二〇〇〇年以降の総統と、その取り巻きたちは、あの時代反日的かつ親中的なひどい教育を受けて育った人たちです。

私が総統時代の一九九七年からは、『認識台湾』という中学校の教科書が台湾全土で採用され、台湾の歴史が国史として初めて位置づけられました。

それまでは中国大陸の歴史や文化ばかりを教えていた。司馬遼太郎氏と対談したとき、彼は、小学校や中学校で神話・伝説時代の三皇五帝から清朝最後の皇帝、宣統帝までの名前を暗記させる教育をしている、と台湾の青年から聞いて驚いたそうで、「皆さん全部暗唱しているが、むだだと思う」とおっしゃっていた。まったくそのとおりです。

一方、肝心の台湾の歴史や文化については教科書にはほとんど記載されていなかった。本来、台湾人の歴史や文化を知るには日本統治時代についても学ばなければなりません。ところが、戦後、中国大陸から台湾にやってきた為政者たちは、自分たちの失政の歴史を知られるのを恐れ、後藤新平や新渡戸稲造ら日本統治時代の偉人たちの業績をひた隠しにして、日本統治時代をすべて否定する内容の教科書をつくっていました。

私は台湾の真実の歴史を学ばせることによって、「法統」の歴史の支配と束縛から脱した主体性のある民主国家、台湾のアイデンティティを確立させようとしたのです。これが、私が総統だった十二年間における、血を流さずに独裁的な体制から自由と民主的な社会に移行させる「無血革命」の一つでした。この時代の教育を受けて育ったのは四十代以下の第三世代の台湾人です。

しかし、この『認識台湾』という教科書は、民進党の陳水扁政権下で廃棄されてしまいました。陳水扁のような第二世代が台湾総統になると、民主主義に逆行し、自分が皇帝にでもなったかのように振る舞うのは、反日・親中教育を受けたためです。民進党というと、日本の皆さんは「台湾独立をめざす台湾人のための党」と考えがちですが、その実態は中国の影響を受けた皇帝型統治にほかなりません。台湾では皇帝政治は絶対にやってはいけない。陳水扁総統から国民党の馬英九総統になっても、それが行われているのです。

このことからも、いかに教育が大事かということがわかります。台湾大学を首席で卒業した陳水扁と、日本の旧制高校、帝国大学で学んだ李登輝という人間のこの考え方の相違はどこにあるのか。陳水扁の政治は結局、うらみつらみが基本になっている。私の場合は、ただ国民にいい生活をさせてあげたい、私は政治家ではなく国民に奉仕する者だという気持ちでやってきた。陳水扁と李登輝のこの違いは、教育からくるものです。

戦前の日本のエリート教育は素晴らしいものでした。だから、戦後におけるGHQや日教組による日本を一方的におとしめるような教育、それは絶対に変えなくてはいけません。安倍総理による教育改革に期待するゆえんです。

国民党に入党

本省人（台湾人）を弾圧し、排日教育を行った国民党に、私は入党することになります。

一九七一年のことです。

台湾では六七年ごろから農業の疲弊が深刻な問題になっていました。当時の私は、コーネル大学に留学して農業経済学の博士号を得て帰国し、学者として台湾だけでなく、国際的にも知られる存在でした。そこで、当時、行政院副院長を務めていた蔣経国に呼ばれたのです。行政院副院長というのは、日本では副総理にあたる役職です。

蔣経国は、農業の復興に知恵を貸してほしいと切り出しました。当時、台湾の農民は政府に搾取され、疲弊しきっていて、農村人口は減少の一途をたどっていましたから、なんとか農民が息を吹き返すようにしなければいけないという思いが私にはありました。日本の農業の大きな転機となった、一九六〇年代初めの日本の池田(勇人)政権時代のような高度成長期の状況が台湾でも起こりつつありました。工業化が始まって労働力が不足し、労賃も上昇していましたが、その不足分は農地買収で離農した労働力を吸収するほどではなく、まだまだ農業の比重が大きかった時代です。

そこで私が真っ先に提案したのは、いま行われている物々交換をやめるべきだということでした。そのころの台湾では、農民の収穫した穀物と肥料とを交換していたのです。収穫が多ければ多いほど肥料の割り当ても増えるから、農民にとっては励みになるかもしれない。しかし、それはあくまでもその場しのぎにすぎません。近代化をめざすなら農産物は正当な報酬を与えて買い上げ、そのうえで農民に貯蓄を奨励すべきです。

農民自身が蓄えのなかから肥料を購入できるようにするのが政治ではないか、という私の進言を容れ、蔣経国は翌七二年から農産物の買い上げを実施しました。

翌七二年に蔣経国が行政院長(日本では首相にあたる)になると、重工業への転換のためのインフラ整備である「十大建設」、そして「加速農村建設方案」と言われるプロジェクトを開始し、近代化と農業発展のための方策を打ち出しました。

私は蔣経国と会った後、国民党への入党を勧められました。私は国民党が好きではなかったし、政治的な野心もまったくありませんでしたから、正直、複雑な気持ちでした。しかし、結局、私は体制のなかに身を置いて台湾を変革する道を選んだのです。白色テロの時代を経験してきた私には「もっとも危険なところがもっとも安全」という判断が無意識に働いたのかもしれません。

ただし、入党を勧められる前に私は徹底的に過去の活動を調べられました。警備司令部にほぼ一週間にわたって毎日のように呼び出され、早朝から深夜まで尋問されたのです。とくに、二・二八事件が起きた当時のことをいろいろ聞かれました。

すべての尋問が終わって一応の嫌疑が晴れたとき、取調官が妙なことを言いました。

「お前のようなやつを使いこなせるのは蔣経国くらいのものだろう」

そして蔣経国が行政院長になると、私は無任所大臣、いわゆる国務大臣に任命されたのです。取調官の言葉の意味がようやくわかりました。蔣経国はあのときから私を登用するつもりだった。それで政権幹部らが〝李登輝の過去〟を調べ上げたのです。

蔣経国学校

蔣介石の長男、蔣経国は、母親の毛福梅と別れて宋美齢と結婚した父親に憤慨し、中国共産党に入党しました。十四歳のときにモスクワへ行って、共産党員を養成する東方大学(東方勤労者共産大学)で教育を受けていました。鄧小平とも同期だったそうです。

ところが蔣介石が起こした上海クーデターによって国民党と中国共産党が敵対すると、息子の蔣経国は事実上の人質となり、やがてシベリアに送られて強制労働に就《つ》かされました。蔣経国夫人はそのとき力になってくれたロシア人女性です。蔣介石が張学良らに拉致監禁された一九三六年の西安事件によって第二次国共合作が成立したのを機に、蔣経国はソ連から帰国し、父親と和解して国民党に入党しています。

私は「六年制蔣経国学校」の卒業生だとよく言います。私は蔣経国から政治について本当にいろいろなことを学びました。

身近で接していて凄みを感じたことは何度もありましたが、その一つは彼が行政院長だった時代に、親戚にあたる人事院局長の汚職を裁いて、十五年以上の刑を言い渡したときでした。父親の蔣介石ならとてもそんなことはできなかっただろうし、事実、蔣介石は

「経国はやりすぎた」と言ったらしい。しかし、蔣経国は、この事件においては断固たる姿勢を躊躇なく示しました。

彼は間違いなく一人の政治家であり、彼に比べれば当時の私は単なる学者にすぎませんでした。私を国務大臣にしたときも、蔣経国は私が台湾のために必死になって政策を出すことを見越していたのです。

国務大臣として外交や交通関係の重要な会議に出るようになった当初、私は問題を理論的に突き詰め、あらかじめ結論を考えてから会議に臨み、積極的に政策を提案するのが常でした。蔣経国は議長として私の提案を聞きながら、最後に結論を下すのですが、そのプロセスはまさに政治家の能力というべきものでした。

私の考えたものと、彼の下す結論の違いを考えることが、とても勉強になりました。私の考えとどこが違うのか。ああ、そうか、私は政治的なことをあまり考慮に入れていなかった、あるいは人民のことが頭になかった、ただ理屈で考えていただけだというように、いろいろなことを教えられました。

私は蔣経国のもとで六年間、国務大臣を務めました。蔣経国が議長を務める会議は緊張の連続でしたが、それはまさに私の「政治の学校」でした。もし私が理論家としてだけでなく政治家としても成長したとするなら、「蔣経国学校」の六年間のおかげだと思います。

台北市長・台湾省主席をへて副総統に

一九七八年からは三年半、台北市長を務めました。この当時、台北市は大阪市と姉妹都市だったので、大阪市の都市計画を視察し、同時に神戸市にも注目しました。

そのときの神戸市長は宮崎辰雄氏で、ポートピアを造ったことで知られていますが、ほかにもさまざまな都市政策を実行して各界から高い評価を受けていました。

もともと私は農業経済学者でしたから、神戸都市問題研究所の『都市経営の理論と実践』をはじめ、都市経営に関する本はすべて買い求めて一生懸命勉強したものです。

台湾で初めてコンピュータを導入したのも台北市長時代です。これによって、それまで窓口で対応できなかった交通関連のさまざまな業務、たとえば免許証の交付や交通違反の罰金納入などが簡単に済むようになりました。

当時はモータリゼーションが急速に進み、交通事故が多くなったために、その処理事務が滞り、警察もあまりの分量に嫌気がさして放置したままでいました。

しかも、戦後の中国式教育によって官民とも道徳的に堕落してしまっていました。交通違反を犯した市民のほとんどが、当然のように地元出身の議員のもとへ違反チケットを持ち込み、議員はいくらかの政治献金をもらっては、警察当局に圧力をかけていたのです。しまいにはあまりの依頼の多さに、自分で罰金を立て替える議員まで出てきました。その

〝損失〟を穴埋めするため、議員たちは何かと口実をもうけては賄賂をとるという悪循環に陥っていました。

こうした問題を解決するため、私は交通違反をすべてコンピュータ処理させることにしました。その結果、違反チケットの山は三カ月余りできれいになくなりました。「あなたのおかげでせっかくの〝儲け口〟を失ってしまった」と文句を言う議員も大勢いましたが、これがきっかけとなって社会全体に及んでいた腐敗や堕落、職務怠慢の悪循環のもとを断ち切ることができたのです。

このような改革を、交通行政だけでなく、土地の登記や家屋建築の申請、営業許可など、あらゆる部門に広げていきました。その結果、台北市の行政全般が大きく変わりました。また、台北市では立法院選挙をコンピュータで管理し、即座に集計・整理できるようにしました。五時に投票が終わると、他の地域は朝までかかって集計しているのに、台北市だけは三時間半後に発表するので、マスコミは驚いていたものです。

アジアでも最大級の上水道ダムも建設しました。このダムが機能している限り、台北市は今後百年間、水に困ることはない。排水処理工事も完成させたし、ゴミ処理用に三つの焼却炉もつくりました。いち早く着手したので、いまでも台北ではゴミ問題は起こっていません。

お茶園やみかん園をつくって観光客を呼ぶというアイディアも実行しました。農業と観光業を結びつけたのです。

会社員や公務員が、家が遠くても一時間以内に帰宅できるよう、バス路線を整備して特別道路や近道をつくり、ノンストップバスもつくった。奥さんや子供たちと家族そろって晩ご飯が食べられるようにしたのです。

ソフト面でもいろいろなことを考えました。シビルミニマムもその一つです。これは市民の最低限の生活を保障するもので、交通、教育、環境など、市民生活のなかで緊急な改善が必要なものは何なのかを市民生活最低標準指数に基づいて測定して予算をつけるのです。市民大会などで直接、市民の話を聞き、小さな意見も取り上げて、学生主体の音楽祭を実施したこともあります。その音楽祭と演劇祭を組み合わせて芸術祭も開催した。大きな動物園も開設しました。

とても楽しい毎日でした。借金もなく、市の財政もずいぶん豊かになりました。

市長時代の実績を携えて八一年に台湾省主席になり、土地売買の急速な自由化を阻止するとともに将来に備えて生産性の高い「革新農家」を養成するなどの農村改革を行った後、八四年に副総統に就任しました。

蔣経国がなぜ私を副総統に指名したのか、その理由はわかりません。これは私の想像ですが、おそらく私の日本人的な部分を評価したのではないでしょうか。私にはどうも日本的なところがあるらしく、そこが蔣経国の気に入ったようです。責任感が強いし、嘘はつかない。おべっかも使わない。だから、国民党員でもなく、国民党とは無関係だった私を登用したのです。

その点で、私はいまでも蔣経国を非常に尊敬しています。日本人みたいな性格をしているこの本省人(台湾人)は何かの役に立つと考えたのでしょう。だからこそ、私が台湾人として初の総統になる機会が得られた。すでに蔣経国は、従来のような国民党による独裁政治は長くは続かないだろうと考えていたようです。

現に、蔣経国総統時代の一九八七年には戒厳令が解除され、「報禁」と呼ばれた新聞や雑誌の報道規制も解かれました。そして、政党結成の解禁によって、民主進歩党が結成されたという事実もあります。

「私ではない私」

蔣経国が亡くなったのは一九八八年一月十三日でした。あまりに突然のことだったので、死に目にも会えず、遺言もありませんでした。そして、その夜の八時にはもう、憲法に基づいて副総統である私が総統に就任していたのです。

まさか、国民党の有力者たちをさしおいて、本省人(台湾人)である私が総統になり、国民党の代理主席になるなど、私自身はもちろん、誰も予想していなかったでしょう。

私には権力もない、配下もいないし、派閥もない。軍隊は言うことを聞かないし、情報機関も握っていない。どうするか。孤立した状態のなかで、どういう方向で、自分の考えをどのように形にしていくか。その苦しい時期を乗り越えられたのは、そのときの私が信仰の道に入っていたからです。これは理屈ではありません。

私がクリスチャンになったのは三十代のときです。私はもともと非常に日本的な唯心論的な人間でした。座禅も組みました。そうして、昔から社会的正義感があったために戦後の十何年間はマルクス主義に魅かれていました。ところが、結局、満足できなかった。唯物論ではものごとは解決できない。そこで宗教に救いを求め、いわゆる自我の調整の過程で、日本の神道や武士道も学びながら、最後に「私は私ではない私」という考え方に行き着きました。

本章のはじめにも述べましたが、私は十五、六歳のころから人間の生死の問題について真剣に考えてきました。「人間とは何か」「死とは何か」「死に直面して生死のあいだをさまよう人間とは何なのか」という思索にふけった結果、「自我の死」を理解して初めて真の肯定的意味を持つ「生」が生まれることに気づきました。

ニーチェは『ツァラトゥストラかく語りき』のなかで、「最も悩む人は『人はいかに存在するか』と問いかけている」「一方、ツァラトゥストラは『人はいかに自己を超越するか』とたった一人で問いかけている」と語っています。

そのニーチェについて、ドイツの哲学者ハイデッガーは、次のように言っています。

「生命の本質は自己生存にあるわけではなく、自己を超越したことからその本質が見出される。したがって、自己を超越することは生命の条件と価値として生命を担い、生命を促進し、生命に刺激を与えるのである」

要するに、自己の超越とは、自分が死んだ後に誕生するものに意味があるということです。それを私なりの言葉でいえば、「私ではない私」ということになります。クリスチャンの私の体のなかにイエス・キリストが生きている。その私は「私ではない私」です。

この認識は、李登輝という人間の自我を排除し、客観的立場で正しい解決策を求められるように導いてくれました。

「私ではない私」を追い求めることは、人生のあらゆる可能性をつねに考えに入れておくことでもあります。そこに付け加えるならば、自我が死んだ後の「私ではない私」は、神にすがるほかないと思っています。

人生は一回限りです。一部の宗教が唱える「輪廻」は自己満足にすぎないと私は考えています。そうして「意義ある人生」を肯定する。

これを「肯定的な人生観」と言い換えることもできますが、それは自我を否定した先に開かれる生の肯定であり、キリスト教にあっては「自己のなかに神を宿す」ことです。深い愛で他者を許す「神」を宿すことによって、自己中心的な自我が消え、他者を思う心が生まれる。それを私は「私ではない私」と表現します。自我の否定の上に立って他者を肯定し、澄んだ精神によって明日へと歩むのです。

ただし、有意義な「生」はつねに「死」と表裏の関係にあります。したがって、有意義に生きようと思えば、必ず「死」を思わなければならないというのが私の考えです。

この「死」とは肉体的な死をいうのではなく、自我の死――自我の否定のことです。「自我の死」を理解してこそ、肯定的な「生」が生まれるのです。これは個人としての生き方だけでなく、指導者としてのあり方を考えるうえでも重要なことです。

東洋で大きな影響力を持った儒教では、こうした死生観ははっきりしていません。そもそも「死と復活」という考えが稀薄です。

儒教的な教養を積んできた新渡戸稲造が最終的にキリスト教に道を求めたのも、儒教における死生観の不在が関係しているのではないかと思います。そしてキリスト教という新たな道徳体系のもとで精神的かつ理想的な生き方を追求し、そのなかで未来永劫に通ずる道徳規範としての「武士道」の価値を再発見し、名著『武士道』を書くことになった。

ヨーロッパには古くから「メメント・モリ（死を思え）」という、死生観の重要さを述べた言葉があります。「人生は一度限り。死後の行き先は天国」と考えることで、愛をつくして有意義な一生を送る気持ちになれる。それも、単なる個人としてではなく、「公なる何か」に尽くすことによって救われるというのがヨーロッパの死生観であり、キリスト教の精神なのです。つまり、指導者が死について真剣であれば生にも真剣になり、それが善政につながる。

そのように肚《はら》が据われば、もうそんなに苦しむ必要はなくなりました。ひどい仕打ちを受けても案外、笑って済ましていられる。そのうちにだんだん人民が支持してくれるようになった。これが静かなる無血革命、いわゆる「寧静《ニンチン》革命(静かなる革命)」の始まりでした。

軍を掌握する

私のような人間が総統になるのは神のみぞ知ることでした。本当に偶然としか言いようがない。偶然というのは神様以外、誰も与えてくれない機会です。

しかし、前述したように、そのときの私には何の権力もなかった。総統府の官僚や情報機関も、行政委員も、軍隊も、四方敵ばかりというような状況でした。

なかでも軍で大きな力を持っている郝柏村《かくはくそん》という人間がいて、参謀総長を八年半も務《つと》め、ほとんど軍を私物化している状態でした。彼は、「自分がいる限り十五年は李登輝の好きにはさせない」と言っていました。

そこで、総統就任の翌年、彼を国防部長に昇格させました。これは、名目上は出世ですが、軍にいちばん近い参謀総長というポストから外すことによって、実質的に権力の直接的な場から遠ざけたのです。この人事は大変でした。

このとき私は、蔣介石夫人である宋美齢に呼ばれました。彼女は、「プリーズ・リッスン・トゥ・ミー（私の話をよく聞いてください）」と前置きして、「軍を動かせるのは郝柏村しかいない。参謀総長を替えないでほしい」と言いました。

彼女は上海語と英語、私は下手な北京語と日本語と英語しかできない。だから英語と筆談でやり取りし、わからないことがあると文字に書いてもらいました。そのメモのなかには、いわゆる〝不法命令〟にあたるものもありました。

「台湾海峡にいったん事があったときには郝柏村でなければだめだ」と言うので、私は「いまおっしゃったことはわかりにくいので、書いていただけませんか」と頼みました。

あの宋美齢が言うのですから、正直、これは困ったことになったと思いました。しかし、結局、私は彼女の要請を聞き入れなかった。

当時はまだ「党」と「国」が不可分の「党国」という考え方で、軍隊は「党国」のものでした。これを何とかして「党」と切り離し、国家に属する軍隊に変えなければなりません。でなければ、台湾の民主化などおぼつかない。若い人材も育ってきているのだから、いつまでも一人の人間にまかせておくわけにはいきません。軍隊の人事は、何年務めたら次はここに移る、というように任期を明確にしておかなければならないのです。

二年後の九〇年に、国民代表大会の選挙をへて、正式に第八代の総統に就任すると、私は郝柏村を国防部長からさらに行政院長に昇格させました。行政院長といえば日本の総理大臣にあたります。これで彼は、出世と引き換えに軍に対する権限を失うことになった。

ところが、彼は「軍隊については私がいちばんよく知っているから、行政院長になっても軍事会議を開かせてくれ」と要求してきました。私は「それは憲法違反だから認められない」と答えたのですが、それでも彼は軍事会議を開いて軍における権力を維持し続けようとした。これは立法院(国会)でも問題になりました。

そんな折、九二年末に立法委員(国会議員)の選挙が行われました。行政院長は総統が任命し、立法院の同意を得て就任することになっていたので、立法委員が改選された以上、その手続きを踏まなければなりません。

そこで郝柏村が私を訪ねて来たとき、彼に直接、「あなたの再任はしない。若い人と交代させる」と告げたのです。彼はすごい形相でくってかかり、激しくやり合ったのですが、「任命権は総統にある」とはねつけました。

軍はあくまで国家に忠誠を誓うべきであって、大きな権力を持った個人に動かされるようなことがあってはならない。これは実に大変な仕事でしたが、最終的には軍から「党国」という意識を払拭し、国家の軍隊とすることに成功しました。

国民党との闘い

亡くなった蔣経国の後を継いだので、私の残任期間は二年しかありませんでした。そこで一九九〇年にあらためて国民代表大会の総統選挙が行われたのですが、このとき国民党内部には「李登輝を国民党主席候補にするわけにはいかない」と言い出す人たちが大勢いました。私の再選を阻もうとするクーデターの動きがあるという情報が入ってきたこともあります。このときは先手を打って処理したからよかったものの、情報の入手が少しでも遅れていたら大変な事態に発展するところでした。

この選挙で第八代総統に選出されると、私は「動員戡乱《かんらん》時期臨時条款《じょうかん》」の廃止に乗り出しました。「動員戡乱時期臨時条款」とは、中国大陸における国共内戦に敗れ、台湾に退却した国民党が「反攻大陸」、つまり中国大陸の奪還をめざすためにあらゆる物資を総動員することを目的としたものです。

国民党は一九四七年に憲法を公布していましたが、政治的状況が切迫したため、この臨時条款によって憲法を凍結し、国民大会の代表が「万年国会」を開き、日本の内閣にあたる行政院を通さずに国家安全会議によって総裁の独裁ができるようにしたのです。

しかし、「動員戡乱時期臨時条款」を廃止するにしても、誰が廃止するのかが問題です。そもそもこの条款を決めたのは国民大会ですから、再び国民大会を開けばいいのですが、その時点での「国民大会」とは憲法凍結によって生まれた万年国会なのです。

この万年国会は、一九四七年の第一回選挙で、定数三〇四五人のうち二九六一人が選出され、任期は六年でしたが、そのまま以後四十年以上にわたり改選されることなく、その構成員は事実上の「万年議員」となっていました。彼らはすでにかなりの高齢になっていて、自分の足で歩けない議員もいたほどです。

国民大会に臨時条款の廃止を決めてくれということは、国民大会の代表全員を辞めさせること、「自分たちの利益を放棄して議員の座を下りてください」と頼むことにほかなりません。

しかも、彼らは私を支持し、総統に選んでくれた人たちです。自分たちが応援した総統から「辞めろ」と言われて気持ちのいい人はいないでしょう。しかし、そうしなければ、台湾はいつまでたっても独裁制から抜け出せません。

そこで私は総統府の秘書長(官房長官に相当)を連れて彼ら一人一人を訪問し、「国家のためにぜひリタイアしてください」と頭を下げて頼んで回りました。ところが案の定、誰も引退に同意しない。そこで私は方針を転換することにしました。高額の退職金と引き換えにやめてもらうことにしたのです。その数は六百名以上に及びましたが、最終的になんとか説得に成功しました。

こうして「動員戡乱時期臨時条款」を廃止し、万年国会を改選して、新しい国民大会の代表を、新たな選挙制度の下で選出することになったのです。

また、初の試みとして、野党、民間人、学者たちも入れて国家建設の新たな局面を切り拓くための「国是会議」を開きました。

このときも、党内から「国民党の代理主席が外部の人間を参加させて将来の国政を決めるとはもってのほかだ」という非難の声が上がりました。しかし、意見の異なる人が参加してこそ長期的な国家発展のコンセンサスを得ることができる。そもそも党が私を支えようとしていないのだし、体制内で立派な改革案をつくっても実行されないのは、蔣経国時代の教訓でわかっていました。

肝心なのは人民です。人民の声を聞いて、人民を巻き込んでいく。この国是会議では、首長公選や、総統を直接選挙で選ぶというようなこともすでにテーマとして挙がっていました。

しかし、国民党内では依然として党こそ国であるという「党国」体制が罷《まか》り通っていた。非常に独善的な考え方ですが、当時としては根強い意識として残っていたのです。

そのような状況ですから、総統の直接選挙制をめぐる議論においても、党内だけで総統を選んでいればいいではないかという人間が実に多かった。

「なぜわざわざ他の党に権力が移行するかもしれないような危険を冒す必要があるのか」というわけです。

総統の直接選挙制は結局、全国国民代表大会において多数決で決定したのですが、このときも百人もの党員が大声で私を罵倒し続けました。

私はこういう挑発には乗りません。「なんとバカバカしい。卑小な党内権力しか頭になく、民が欲するところに流れていかざるを得ないのは必然だということがわかっていない」と彼らをながめながら黙って聞いていました。そんな十八世紀のような考え方のままでいる連中とまともな話し合いができるはずがない。

「李登輝は民主化を主張しながら、党内では独裁を行っている」とも批判されました。しかし、個人の下に権力やあらゆる利益を集中させたがる、そういったものを掌握することに執着するのは、中国の悪しき伝統なのです。

結局、九四年三月の憲法修正時には「国民による直接選挙」案が異議なしで通過し、九六年三月から施行されました。国民党の反対派に毅然たる態度をとっていなければ、台湾が今日のような民主化の成果を得ることはなかったでしょう。

司馬遼太郎と私

台湾初の総統直接選挙を二年後にひかえた一九九四年に司馬遼太郎氏と対談したとき、司馬氏は「李さん、あなたのためを思うと、次の総統選挙には出馬しないほうがいい」とおっしゃいました。

司馬氏は私のためを思い、私への友情からこのように忠告してくれたのだと思います。あるいは、私のような学者が政界に留まるのは不自然なことだと思われたのでしょう。私が否応なく政治の好ましくない局面に巻き込まれることを心配してくれたのかもしれません。

しかし、私は司馬氏の好意に反して総統直接選挙に出馬しました。台湾の民主化をさらに一歩進めるには、自分がもう一期務めるしかないと思ったからです。私には国民に対する使命感があり、その使命を果たすまでは肩の荷を降ろすことができませんでした。

まず行ったのは中国との内戦状態を終結させたことでした。国民党は「大陸反攻」を唱え続けていた。私は「戦争に勝つこともできないのに大陸反攻などと言うべきではない。人民の生活を安定させることが先決だ」と考えていました。

大陸反攻というのは内戦の継続ということです。そんなことはやめて国家を統一しよう。中国が民主化したら統一すればいい。そういう言い方をすれば国民党の他のリーダーたちも強くは反対できないわけです。理屈は言わずに内戦を停止させる。そのために「動員戡乱時期臨時条款」を撤廃しました。

「動員戡乱時期臨時条款」の撤廃とはどういうことかといえば、中国大陸と台湾の内戦状態を終結させるということです。そして、中国大陸は中国大陸、台湾は台湾で、とりあえずは各々の政府が有効に統治していることにしましょう、ということです。

中国大陸における政府は、実際に中国大陸を有効に統治している。だからわれわれは中国共産党政府の存在を認める、そして両岸における戦争も終わりにして、今後はお互いに話し合いながらやっていこう、という立場です。

そうして、九一年の段階で「国家統一綱領」を打ち出しました。中国が政治的に民主化されて公平な社会が実現し、軍隊が共産党のものでなく、国家に属する軍隊となってから、お互いに統一を考えよう、という内容です。これには統一に向けての第一、第二、第三段階と、段階に応じて細かな条件が提示されています。

「動員戡乱時期臨時条款」を外したおかげで万年国会も廃止でき、新たな選挙制度の下で新しい国民大会の代表を選ぶこともできるようになった。これは台湾人にとっては非常にプラスでした。そうやって少しずつ迂回しながら民主化を進めていったのです。

司馬氏との対談におけるテーマであった「台湾人に生まれた悲哀」という言葉に、国内外から批判を浴びましたが、それでもかまわなかった。もう多少のことでは動じない。

台湾人として生まれながら、台湾のために何もできなかった悲哀を、「台湾人に生まれた悲哀」と私は表現したのですが、これを批判する人たちは、そういう悲哀を感じたことがないのでしょうか。周知のように、台湾人は長いあいだ、自分たちの国を自分たちで治めることができなかった悲しい歴史を持っています。私にも、台湾人として生まれながら、自分たちのために何かしようと思ってもできなかったつらい時代があります。

司馬氏との話のなかで、私は『旧約聖書』の「出エジプト記」について語りました。

モーゼがイスラエルの民を率いてエジプトを脱出して海を渡り、困難な航海の後、シナイ半島にたどり着きましたが、神から与えられた約束の地カナンに入ることができず、シナイ半島の荒野を四十年さまよいます。

早くカナンの地に入って国をつくればいいのに、なぜシナイ半島に四十年もいたのか。教会で牧師にこの疑問をぶつけても、納得のいく答えは返ってきませんでした。

私は、次のように解釈しています。

それは、モーゼに率いられた人々は、エジプトで奴隷として生きてきたため、国をつくる知識がなかったからです。イスラエルの民も、奴隷だった人々が滅んでから初めて国づくりが可能になったのです。

奴隷だったイスラエルの人々は神であるエホバを知らず、エホバを信じていなかった。そこで、まず神を拝む方法、つまり清めの儀式や拝礼のしかたなどを教えられました。あれはイスラエル人の再教育をしていたのです。

そして、四十年のあいだに奴隷だった世代が絶え、教育を受けた次世代が集団の中心になった。そうして初めて国をつくることができたのではないかと思います。

台湾も同じです。それが「台湾人に生まれた悲哀」につながるのです。

台湾人はオランダ、スペインから国民党まで、ずっと外来政権に支配され続けてきた。日本は台湾を植民地にして短期間に近代社会をつくり上げ、教育を与えてくれましたが、それでも自分の政府は持てなかった。いまの台湾は民主化したのに、いまだに自分の国をつくれないでいる。

「李登輝は自らをモーゼになぞらえている」と悪意に満ちた中傷を受けました。つまり、「出エジプト記」を「台湾独立」に重ね合わせているのです。

こうした人々は「出エジプト記」の内容を知らずに非常に短絡的な見方で判断し、大きな事実誤認を犯しています。

「出エジプト記」の核心は、エジプト統治からの脱出を描く前半よりも、イスラエル人が主人公となり、進歩的な文明を築き上げたプロセスを描いた後半にあるのです。これはまさに「新時代の台湾人」が置かれている状況そのものです。

台湾人のアイデンティティ

では台湾人とは何か。台湾人のアイデンティティをどのように築くかというのが常に私の中心にあるテーマでした。

『文明の衝突』で知られるアメリカの政治学者で、ハーバード大学教授だったサミュエル・P・ハンチントンは、毎年何十万人もの移民が押し寄せるアメリカが国の統一感を失いつつあるという状況をとらえ、アメリカ人のナショナル・アイデンティティ（国民としての自己意識）の変化を分析して『WHO ARE WE？（われわれは何者か）』（邦題『分断されるアメリカ』）を執筆しました。

そのなかでハンチントンは、国によって形式や内容は異なるものの、多くの国が間違いなくアイデンティティの問題に直面していると指摘し、アメリカはアングロ・プロテスタントの文化、伝統、価値観に立ち戻るべきだと結論づけています。このアイデンティティの崩壊と再構築というテーマは、まさに台湾が直面している問題でもあります。

台湾のアイデンティティにかかわる問題の第一は「存在」です。

「台湾は実質的には一つの国家であり、独立した主権を持つ国家だ」としばしば言われますが、果たしてそうでしょうか。冷静に考察してみれば、台湾は国家として正常とは言えません。台湾自体に憲法がなく、現在でも中華民国という国号を使っています。台湾が存在するためには明確な形で国家を形成しなければなりません。

一九八八年、第七代総統に就任したときに私が述べたのは、「一心一徳団結」という言葉でした。すなわち「一つの心、一つの徳で団結しよう」という意味です。当時、政治家として新人である私には、「皆さん、一緒に努力しましょう」と言うしかなかったのです。

次に第八代総統選挙の際に掲げたスローガンは「中華民族の新しい時代をつくろう」と

いうものでした。

そして第九代総統に就任する一九九六年には「主権が民にある時代だ」と主張し、選挙キャンペーンでも「国民の声に耳を傾けよう。民主改革を徹底的に推し進めよう。大台湾を基礎にして、新しい文化を展開しよう」と演説しました。そのとき私は、次のような言葉を付け加えたのです。

〈台湾はご存じのように移民社会でもあります。早い時期からの先住民の同胞を除いては、中国大陸から来た人が大部分です。それぞれ来た時期は異なりますが、みなこの土地を自分の力で耕し、同じく汗と心血を注いで現在の台湾をつくりあげていったのです。

誰が台湾人か、誰がそうでないか、時間的な差でそれを議論することは意味がなく、またその必要もありません。台湾はわれわれのものであるという認識、そして台湾のために行う努力奮闘こそが、台湾人の証しです。

そして、このような新しい台湾人の観念とともに、引き継いできた中国文化を尊重することも忘れてはならないのです。〉

ある政治学者は、私のこの演説を分析して、「台湾には二つのナショナリズムがある」と論じました。「大台湾」、つまり台湾という地域を基礎としたナショナリズムと、「中国文化」という文化的なナショナリズムがあるというのです。

しかし、私たちにとって大切なのは、この二つのナショナリズムのいずれが正統かを問うことではなく、いかに確固とした「台湾のアイデンティティ」を確立するかということにほかなりません。

第九代総統に当選したときに強調したのは、「大台湾を経営し、新中原を打ち立てる」ということでした。就任演説の一部を引用しておきましょう。

〈長期にわたって多元的文化が影響しあう状況のもとにおいて、台湾は中国文化の総体的な発展の中で、最も先進的な新生の力となり、中国文化の『新中原』(新しい中心地)になろうとしているのです。

現在は、まさに私たちが歴史の苦難から一歩踏みだし、手に手をとり、心をあわせて各グループが完全に融合し、全国民が共同の意識に立って『大台湾を経営し、新中原をうち立てる』ための新気運を切り開く、またとない絶好のチャンスであります。〉

もともと「中原」というのは黄河中流域一帯の中華文化発祥の地のことですが、私の言う「新中原」とは、文化の花咲くところという意味です。もっとはっきり言えば、民主主義文化のことです。この文化は、台湾に住む人たちすべてが参加して初めて成り立つ。参加するなかから生み出される、「われわれは台湾人だ」というアイデンティティを基盤にして育つものです。国民党が中国大陸からやってきた「外省人」の政党だというのは昔のことです。もはや本省人と外省人、あるいは先住民を区別する時代ではありません。

九八年の光復節(祖国復帰記念日)前日の十月二十四日の演説では、次のように述べました。

〈本日、この土地でともに成長し、生きてきたわれわれは、先住民はもちろん、数百年前、あるいは数十年前に来たかを問わず、すべてが台湾人であり、同時にすべてが台湾の真の主人であります。

われわれは台湾の前途に共同責任を負っています。いかにして台湾に対する哀惜の念を具体的な行動としてあらわし、台湾のさらなる発展を切り拓《ひら》いていくかは、われわれ一人一人が『新しい時代の台湾人』としての、他に転嫁できない使命であります。

同時に、われわれが後代の子孫のために輝かしい未来図を創造することも、背負わなければならない責任であります。〉

私の時代には、選挙においても「本省人」「外省人」という区別がありました。これはやむを得ないことで、私自身、「本省人」の多い選挙区で強かったのはたしかです。しかし、これからは『新しい時代の台湾人』を議論の基盤にしなくてはなりません。

「歓喜の合唱」

もともと台湾に住んでいたのは先住民だけでした。それも、文化的にはいくつにも分かれた少数民族の集まりでした。十七世紀ごろになると、中国大陸の福建省や広東省あたりから漢民族の移住が始まり、一時的にはオランダが統治に意欲をみせ、さらには明の遺臣である鄭成功《ていせいこう》が政権をつくったこともありました。

漢民族が大勢住むようになったのは、中国が清の時代になってからです。それまではせいぜい十数万でしかなかった漢民族人口は、この時代に二百数十万に増えたといわれます。

そして一八九五年には日本統治時代を迎え、一九四五年に中国大陸から国民党がやってきた。そしてさらにさまざまな民族・文化を受容しながら、半世紀後に現在のような「新しい台湾人」の台湾が存在するようになったのです。

これからの台湾を考える際にも、こうした歴史的経緯を重視する必要がある。多くの要素を取り入れ、多くの民族を受け入れながら、文明国として自らを位置づけ、そして未来を建設していくのが「台湾の存在」そのものなのです。

そのプロセスは、切り捨てや否定ではなく、「積み重ね」です。先人の尊い努力があったからこそ、現在の台湾が存在する。「新しい台湾人」は突然生まれたのではなく、歴史の「積み重ね」の結果として生まれつつあるのです。

この半世紀あまりの政治についても同じことがいえます。確かに国民党が中国大陸からやってきたときには権威主義的な勢力であり、事実、強権的な政治を行いました。

しかし、その国民党は孫文の「三民主義」という種子を内包しており、その種子はいつか芽を出し、花を咲かせ、実をつけるはずのものでした。蒋介石総統時代にさまざまな問題があったとしても、では、あの時点で自由と民主を全面的に展開できたかといえば、とても不可能だったでしょう。

中国大陸には圧倒的な権力を持つ共産党政権が存在し、いま思えば破壊的な社会変革運動を強行していました。チベットをはじめとする周辺諸国を見ればわかるように、有無を言わさぬ強権が発動されていたのです。蔣介石時代は、単に中国大陸からの逃避政権としてではなく、当時の中国・アジア情勢のなかで見なければならないでしょう。

そうした時代と現代の橋渡しをしたのが蔣経国でした。蔣経国という人物がその役割を担ったのは歴史的な必然を感じさせるものがあります。

蔣経国時代とは、その後の台湾の経済発展の基礎をつくりあげていった時代でした。政治的には「主権在民」が真の意味で実現されるための助走の時代だったと言ってもいい。さらに、私を含めて、次世代の政治に適合できる政治家を生むための準備期間だったと言えるかもしれません。

一九九六年三月に私が第九代総統に選出されたとき、台湾は政治的にも大きく変わっていました。私は総統の座を誰かから譲られたのではなく、直接選挙によって、国民から選ばれたのです。

このときの就任演説は、私の生涯のなかでも忘れられないものです。妻である曽文恵の提案で最初にベートーヴェンの交響曲第九番第四楽章の「歓喜の合唱」が流れ、私は国民に向かって心からお礼を言いました。その瞬間は私にとっても「歓喜」の時でしたが、台湾の歴史と政治においてもまさにフロイデ（歓喜）の一瞬であり、新しい時代の始まりでもあったはずです。私は次のように述べました。

〈本日のこの祝賀会は、いかなる一候補者の勝利を祝すためではなく、またいかなる一政党の勝利を祝すためでもありません。それはわれわれ二千百三十万同胞が民主を勝ち得た共同の勝利を祝すためであります。それは台湾・澎湖《ぼうこ》・金門・馬祖《ばそ》において、人類の最も基本的な価値のある、自由と尊厳が肯定されたことに歓喜するためであります。〉

すでに自由と民主主義、そして人権が当然のことのように思われている先進諸国においては、私たちが到達したこの場所に、なんら心を動かされない人たちもいるでしょう。しかし、台湾は長い歴史の末にその地点に至ったことを思い出していただきたい。しかも中国の脅威をはね返しながらの達成だったのです。

〈今日、われわれは台湾において中国人の夢を実現させました。二十世紀の中国人が奮闘努力、求めてやまないのは、富強康楽《ふきょうたいらく》の新中国を建設し、孫文先生の『主権は民にあり』の理想を実践することであります。五十年来、われわれは艱難辛苦《かんなんしんく》奮闘し、全世界が目を見張るような〝経済奇跡〟をつくりあげるとともに、また世界の人々の絶賛を博した民主改革を果たしました。〉

台湾の改革、いまだ終わらず

私はこのとき、自らに課した静かなる革命が一定の成果を上げたことを喜び、二〇〇〇年三月の総統選挙に私は出馬しませんでした。現職の総統である私が選挙に出なければ、台湾が、権力を抱え込むという悪弊にとらわれない、真の民主主義を実施していることの証になるからです。

さらに、この選挙は民進党の陳水扁氏の勝利に終わり、国民党と対立する民進党に政権が移るという結果になりました。政権の平和的移行は、台湾だけでなく、〝五千年〟にわたる中華社会の歴史上、空前の快挙でした。

しかし、私は総統を辞任するとき、「台湾の改革、いまだ終わらず」と訴えました。民主化を途中で挫折させないためにも、政治改革が名前どおりの政治改革で終わってはならない。そのためには、まだまだ司法改革、教育改革が必要です。これについてはある程度、道筋をつけたとは思うのですが、これから「精神改革」をさらに徹底する必要がある。精神を変革することによって初めて、われわれの社会は古い枠組みから解き放たれ、新しい発想による新しい活力が生まれます。これは政治改革よりさらにいっそう深く、難しい改革の道標です。

この章では、国民党政府内部の改革、台湾の民主化の過程について主に語り、あえて多くは触れませんでしたが、台湾には外交上、非常に大きな問題、「二つの中国」か「一国二制度」か、「台湾独立」か「中国統一」か、という中国との問題があります。

詳しくは後述しますが、私は「一国二制度」には反対で、あえて台湾の「独立」を言う必要はないと思っています。そして、もし中国が統一されるとしたら、それは自由・民主化を成しとげた「台湾モデル」によるものでなければならない。

しかし、中国は、独善的な「一つの中国」論をふりかざし、経済的な利益を餌に、文化交流や企業投資を通じて台湾人民の大中華民族主義を目覚めさせようとさまざまな〝罠〟を仕掛けてきています。

私が総統を退任し、陳水扁が総統に選ばれた二〇〇〇年以後、台湾政府は対中積極投資政策に転換し始め、馬英九総統時代の二〇〇八年には両岸の「三通直航（通商・通航・通郵）」が実現しました。

親中的な第二世代の指導者たちが、民主化に逆行し、中国に寄り添っていることに、私は危うさを感じています。大きな経済成長をとげた中国は、たしかに台湾企業にとっても魅力的かもしれない。中国も政治的意図から優遇策をとって、台湾企業の投資と進出を歓迎しています。しかし、このままでは台湾が次第に弱体化するのは目に見えている。

各種の調査を見ると、自分が台湾人だと思う人、自分が台湾人であることを否定しない人はたしかに増えています。それは民主化の進展によって融合し始めた台湾の社会的状況を表しているのですが、その傾向に翳《かげ》りが出てきている。そして、台湾特有のエスニック問題である族群対立、つまり外省人と本省人の摩擦が再び浮上し、政治・社会が混乱する恐れが高まってきているのです。

台湾に特徴的なのは、たとえば反民主イデオロギーの政党に、中国共産党と手を握る「反台湾派」がいることです。彼らは国民の選択の自由よりも自分たちのイデオロギーを優先しています。

同時に、台湾の主体性が台湾海峡を隔てる対岸の中国の併呑《へいどん》を狙う野望に左右されることも台湾独特の問題です。私は「台湾海峡の平和とアジアの安全」という論文のなかで、「台湾を呑み込むことは中国の国事であり、共産党としては台湾を併合しなければ国家の統一がなされないので、絶対に併合しようとする」と述べました。事実、二〇〇五年三月十四日、中国は台湾侵略に正当性を与えるべく、「反国家分裂法」を制定しました。

こうした状況のなかで、台湾のリーダーは危機感を持って国家アイデンティティの再構築に早急に取り組まなければなりません。

先述したように、各種の調査で「台湾人」意識は国民のあいだに広がってはいるものの、大中国意識を政治手段として用い、現代の台湾社会の平和と国家アイデンティティを破壊して国家の転覆を企てる政治勢力が存在します。

彼らを支持しているのは台湾の有権者というよりも対岸の中国です。「引清兵入関(明朝の武将、呉三桂が異民族の満洲族に降伏して中国に引き入れたこと）」や「トロイの木馬」のような「聯共制台《れんきょうせいたい》（中国共産党と連合して台湾を制する）」行動が、台湾を前途多難な未来に導く結果になることは間違いありません。

台湾における「中華思想」の復活

歴史は一直線には進まないものです。現在の台湾は内外の危機に直面しているだけでなく、「民主化の危機」にあり、「五里霧中」の状態にあります。

すなわち、ハンチントンが指摘したような、民主化への反動が生じているのです。民主化に反対する保守派が政権を掌握し、皇帝型統治による腐敗が続き、政府による国民の権利の侵害が行われ、台湾の「アイデンティティ」に逆行する中華思想が復活しています。

ハンチントンは民主化の歴史における第三の波には四つの条件があると言っていますが、台湾もいま、民主化に対する四つの挑戦を受けています。

一つは、民主化に参加していた人たちが造反・謀反《むほん》を起こしたことです。彼らの腐敗によって、社会正義をおとしめたことが大きな問題になっています。

第二の問題は、反民主的なイデオロギーの政党や政治運動が選挙において勝利していることです。現在の馬英九総統は、これまでの反民主的な言動をいよいよエスカレートさせた発言を始めています。この状態をどうするかという問題が残されています。

第三は、行政部門の権力の壟断《ろうだん》です。民選された総統が権力を一身に集め、立法部門の監督を回避して行政命令で統治を進めている。法というものをまったくないがしろにしています。

第四は、政府が人民の政治権と自由権を剝奪《はくだつ》していることです。

これらの民主化に対する四つの挑戦をどのように解決するかは難しい問題ですが、何とかしなくてはいけないことは言うまでもありません。

馬政権発足後は国共両党によるプラットフォーム(政策要綱)がつくられて、台湾全土に大きな影響を与えるようになりました。野党である民進党も腐敗して、「愛台湾(台湾を愛する)」というスローガンを隠れ蓑に不正を行っています。

このような状況を打破し、独善的な政府に翻弄《ほんろう》される台湾を自由で豊かな国にしていかなくてはなりません。

それには、台湾人が自己統治能力を備えた現代的な「公民」になることです。

今日、私たち二千三百万人の台湾人の眼前に横たわっている内外の危機を克服し、台湾が正常な国家になることに圧力を加える外的な脅威や、内部的な腐敗を超越することが必要です。そして歴史がもたらした漂流意識を超越し、自己を甘やかす悪い習慣を克服しなければならない。そのようにして初めて台湾人民にチャンスが訪れ、アジアの孤児の運命から抜け出し、自己統治能力を備える現代的な「公民」になることができるのです。

幸いにも、六十年前の台湾の民衆と現在の台湾の民衆のあいだには、まったく違った「質の変化」があります。六十年前は中国大陸から来た政権の洗脳によって、多くの台湾の人々は自分を「中国人」と認識しました。しかし、今日ではその考えが「偽の歴史」と「虚の現実」によるものにすぎないことを理解している人が大勢います。

だから、現在の台湾人は、民主化の強い信念に基づく指導者に恵まれさえすれば、過去の虚像に縛られず、「台湾という民主化した土地」に対するアイデンティティを確信することができるはずです。

「アイデンティティ」という基礎がしっかりと築かれれば、台湾社会はエスニック間の矛盾を克服でき、「反民主」政治勢力の私利と中国の覇権主義による秩序をかき乱す企《たくら》みから逃れることができる。

そのとき台湾は躊躇《ちゅうちょ》せず「正常な国家になる」という目標に向かって邁進していくでしょう。そして最後には完全な民主国家に生まれ変わることができると、私は確信しています。

第二章

中国の歴史と「二つの中国」

「中国五千年」

幼いころから私は日本の教育を受け、日本文化の薫陶《くんとう》を受けてきました。その一方で、同時に多くの中国の文学と思想に接してきました。

とくに、抗日・反帝国主義運動である一九一九年の「五・四運動」後の風雲湧《わ》き上がる新しい思想の流れは、私に強い影響を与えました。

中国人は長い歴史を有することを誇りにしています。たしかに、「中国五千年」などと言われるように、文明圏としては膨大な時間の集積がある。しかし、それはただ長い長い時間が流れただけというにすぎません。

私は日本の旧制高校で中国史を学びましたが、その五千年のうちのほとんどを、先生は一時間ほどの授業で語り終えてしまいました。あとはアヘン戦争以後、およそ百年という短い歴史についての講義でした。

つまり、「中国五千年」という長い歴史のうちの四千九百年ほどは、単に皇帝と王朝の名前が変わっただけの、一進一退の繰り返しだったのです。ヨーロッパ人が「アジア的停滞」と呼んだのも無理はない。それは単に皇帝と王朝の交代が繰り返されただけのことです。この王朝交代の歴史を中国人は「法統」と呼びます。

「法統」とは皇帝統治を指す言葉です。簡単に言えば、この法統の組織がかわるがわる治めてきたのが中国の五千年の歴史ということになります。そして、歴代の皇帝が行ってきたことといえば、自分の地位と勢力を固め、個人の富を増やし続けることだけでした。

こうした治世が続くと、皇帝は悪政を行った、つまり「徳」を失ったという理由で別の一族に倒され、新たな皇帝にとって代わられることになります。

中国では「易姓《えきせい》革命」という考え方をします。皇帝とは天命によって天下を治める権利を与えられた者です。その皇帝が徳を失うと天から見放され、新たな天命を受けた者が皇帝となり、その一族が革命(天命を革《あらた》める)を起こし、新王朝を立てる(姓が易《か》わる)。これが「易姓革命」です。

つまり皇帝とは、天が定めた古代からの正統を受け継ぐ者ですから、その統治形態である「法統」は不変です。それを変えることは天命に背くことだからです。そこで、新たな皇帝はいにしえに倣って天下を本来あるべき姿に戻す、という形をとる。それを「託古改制」といいます。「託古」は「古《いにしえ》に託す」という意味です。しかし、私に言わせれば、中国の歴史は〝託古不改制〟の連続にすぎない。皇帝統治の形態を変えることは許されなかったからです。

私が総統になった当時の台湾も、中国的な法統に支配されていました。そこで、私は「託古改制」ではなく、「脱古改新」を唱えました。古の束縛から脱し、主体的な民主国家に転換しようと訴えたのです。

長く続いた皇帝統治による封建体制のために、中国の伝統文化は停滞し、社会には進歩や改革を阻害する数多くの弊害がはびこっていました。

近代に入ってから、中国が国民革命と共産革命によって停滞の歴史を打ち破ろうとしたことはたしかですが、国民党による国民革命は途中で挫折し、その後の共産党による共産党革命も同じ悪循環に陥ってしまいました。

共産革命によって生まれてきたものは何かといえば、アジア的停滞からの脱却でも、中国の伝統からの脱却でもなく、誇大妄想的な皇帝支配、つまり「中華思想」と「覇権主義」の復活でした。

新儒教主義

一九七八年に鄧小平が「改革開放」を唱えて市場経済を導入し、実質的には社会主義の否定である「社会主義市場経済」に邁進した中国は飛躍的な経済発展を遂げ、いまや日本を追い抜いて世界第二位の「経済大国」になりました。しかし、思想的には少しも古を脱したとは言えず、経済は伸びても、政治的には「皇帝型統治」からまったく進歩していないように思われます。

鄧小平の跡を継いだ江沢民が推し進めてきたのは新儒教主義とでも呼ぶべきものです。

中国人にとっての儒教とは、名声・名誉としての名前、いわゆる「面子」を重んじること、それに「我是我（私は私）」という徹底した中国的な考え方です。

中華民国の思想家、胡適は一九二八年に雑誌『新月』に発表した「名教」という論文のなかで、スローガンを盲信する中国社会を痛切に批判しています。中国人は信仰を持たず、そのかわり、中国独自の「名教」、すなわち「文字に書かれた宗教」を伝統的に崇拝していると彼は指摘しました。

中国人はひたすら文字に書かれたスローガンによって心理的な満足を求めるだけで、何ごとにつけても現実を直視しない。その結果、問題を解決できず、逆に価値の錯乱を引き起こしてしまう。そこで胡適は、当時の為政者に「国を治めるにはスローガンによらず、いかにして実行するかが大事である」と説いたのです。

胡適と同時代人である魯迅は『阿Q正伝』などの著作において、風刺的な方法で「中国人の面子を愛する文化」を描写し、多くの読者の共感を得ました。眼前の問題をいかに解決すべきかを考えず、ただ自己慰安によって「面子」を保とうとする中国人の心構えが、結果として中国社会を停滞した状況に陥れた。それこそが、中国が時代の流れに取り残され、発展できない原因だと魯迅は主張しました。

中国人が考える儒教とは、往々にして実体をともなわない言葉と名前を守ることにすぎない。つまり名前にとらわれた考え方のことであって、決して宗教と呼べるものではありません。重要なのは「私」の名前・名誉・身分、これだけです。それが結局、中国人にとっての『論語』であって、その重要な教えとされる「仁・儀・礼・智・信」など、どうでもいいのです。

日本では礼儀正しさを旨とし、信義を重んじる。それが日本人の考え方の基礎になっています。中国ではこんなことはありません。いわば、論語の教えは日本人の生活に根ざしているのです。日本に帰化した四川省生まれの評論家・石平《せきへい》は、「論語の精神は日本で生きている。日本に来て初めて、論語とは何かがわかった」と興味深いことを言っています。

なぜ「支那」がいけないのか

中国人が名前と文字にとらわれているいい例が、戦後の日本で「支那」という名称をタブーにしたことです。これは在日華僑がGHQ（連合国軍最高司令官総司令部）に訴えたのが発端だったといいます。アメリカ人にはどういうことかよくわからなかったようですが、ともかく、外務省からの通達で、日本の新聞や放送では「支那」と呼ぶのを自粛するようになりました。

「支那の呼称を避けることに関する件」という昭和二十一（一九四六）年に出された外務次官通達には、戦勝国の立場となった中華民国が「支那」の文字を極端に嫌い、使用をやめてもらいたいと公式・非公式に要求があったので、「理屈を抜きにして先方の嫌がる文字を使わないようにしたい」とあります。

われわれが子供のころは、中国などという呼び方は知りませんでした。誰もが「支那」と言っていた。一つの国を指すのではなく、歴史的・地理的に中国全体を呼ぶには「支那」のほうが適切だし、英語のチャイナ、フランス語のシーヌ、ドイツ語のヒーナと同じ意味の呼称なのだから、日本だけそう呼ぶなというのは、たしかに理屈としてはおかしい。ただ、向こうが嫌がっているのだから自粛しようということで、これは、名前と文字にこだわる中国の面子と、日本のお役所の事なかれ主義によるものでした。

しかし、「支那」と言ったり書いたりするのがまるで悪いことのように思われている現在の風潮には、首をかしげざるを得ません。いまでは気をつかう相手が中華民国から共産党中国に代わっていますが、中国が反発するからといって、日本人はいったいなぜそこまで遠慮するのか、不思議でしょうがない。

中国という言葉は、孫文の辛亥革命のときに成立した革命臨時政府が、清王朝と戦うのに、国名が必要だというので、章炳麟《しょうへいりん》が提案した中華民国という名前を使い始めたのが最初です。

そもそも中国にはそれまで国名というものがありませんでした。王朝の力の及ぶ地域はすべて皇帝のものであって、それが天下です。皇帝が指さすところは皇帝のもの。言い換えれば、皇帝は世界を治めているのです。そのなかに朝鮮や琉球のような朝貢を行う国がある。蒙古のような夷狄《いてき》と呼ばれる野蛮人の土地や、台湾のような、どうしようもない「化外《けがい》の地」がある。

それが皇帝を世界の中心とする、誇大妄想的な「中華思想」です。近代になってイギリスやフランスなど西洋の国々が国交を求めてきたときにも、「洋夷（西洋の野蛮人）」に対して朝貢という形をとらせたのです。

だから、領土や国という意識がなく、したがって国名もなかった。王朝の名前があるだけでした。天下はすべて皇帝のもの。それが、現代の中国の覇権主義のもとになっています。毛沢東は、朝鮮半島、日本、琉球、台湾、澎湖諸島、すべて中国の領土だと言いました。共産党の力の及ぶところはすべて自分たちのものだという「中華思想」です。だから、尖閣諸島も彼らに言わせれば当然、中国のものなのです。

中国人には「現世」と「私」しかない

「未だ生を知らず、焉《いずく》んぞ死を知らん（生を知らずして何で死を問うか）」という孔子の有名な言葉があります。孔子が語った言葉を収めた『論語』には、人生を肯定的にとらえる健全な面があるのですが、しかし、この言葉にみられるように否定の契機がないため、

「生」への積極的な肯定だけが強くなる危険を孕んでいる。生きているうちにいかに楽しむかが重要だということになってしまうのです。

そういう考え方は、「武士道とは死ぬことと見つけたり」という『葉隠《はがくれ》』の言葉に表された日本精神とはまったく正反対です。日本人は、「死というものがあるからこそ、どのように生きるか」が問題であると考えます。

肯定されるべきは有意義な「生」であって、それは常に「死」と表裏の関係にある。人間は、有意義に生きようと思えば、常に死を思わねばならない。このときの「死」とは、具体的な死をいうのではなく、自我の否定にほかなりません。ゲーテは、『西東詩集』のなかで、簡潔に、直截《ちょくせつ》に、「死して、成れ」と言っています。自我の「死」があって、初めて本当の肯定的な「生」が成り立つのです。

中国人の伝統的価値観である「家産制」も、生を楽しむための世俗的な富や利益を求める考え方から生まれています。家産制とは家の財産ということで、国家や社会よりも、何より「私」を優先するのが中国人ですから、金を儲《もう》けて、家族、子供、子孫のために使おうとする。これが家産制です。つまり、中国人が現世で追求するのは、お金と権力だけなのです。

中国の歴史は、進歩したかと思ったら退歩し、退歩したかと思ったら進歩する、そういう形で行きつ戻りつしているだけです。中国の閉鎖的な「法統」の歴史について、魯迅はこう言っています。

「これは目に見えない壁に幽閉されたなかで、何度も繰り返され上演される芝居であり、古い国のなかで螺旋状に前進していくつまらない芝居である。」

また、中国人の民族性については「中国人は『争乱の首謀とはならず』、『禍の元凶ともならない』。しかも『最初に幸せをつかむこともしない』」と記し、このため、「すべてにおいて改革を進めることができず、先頭に立って切り開く役割を誰も担いたがらない」と見解を述べています。

中国の歴史は、中華思想という幻のなかをぐるぐる回っている芝居にすぎない。だから中国人には自分は何者かという問いかけもなければ、わかろうともしません。言い換えれば、自らの精神に確信が持てない。だからお金を儲ければいい、人は騙してもいいという発想になってしまうのです。

役人は国民や人民のことなど眼中にない。ひたすら私腹を肥やし、家族のために蓄財する。この中国人の価値観が、現代も変わらぬ共産党幹部の汚職の問題につながっているのです。中国人に他者の権利や人権を理解させるにはまだまだ時間がかかる。「百年河清《かせい》を俟《ま》つ」という古諺《こげん》があるように、当分は無理でしょう。

郭沫若《かくまつじゃく》は歴史研究者の視点から封建制度を批判し、『十批判書』『青銅時代』などの著作によって、孔子・孟子の民本思想を重視して、韓非子《かんぴし》の「法術」「君主本位」と秦始皇帝の「極権主義」などを排斥しました。そして、「民をもって根本とする」思想を掲げ、中国は伝統の束縛から離脱してこそ発展の希望があると説きました。

これら中国の伝統社会の弊害を批判する著作は、その時代の知識青年に大きな反響を呼びました。当時二十代前半の若者だった私も、これらの著作を読み、中国文化をめぐる問題を深く思索したものです。私は、中国最大の問題は封建制度にあり、それゆえに停滞に陥ったと考えています。それによって人々の思想と言行は捻じ曲げられたのです。

今日でも、私は依然として一九三〇年前後に活躍した思想家たちの見解に敬服しています。しかし、残念ながら、当時の中国社会はまだ成熟段階に達していなかったために、いくら彼らが社会制度に対する深刻な批判を行っても、実現可能な解決方法を見出すことができなかった。一般の青年は革命の理想を抱きながら、明確な方向性とその方法を持ち得なかったのです。

では、共産中国ではどうだったか。毛沢東は、マルクス主義は労働者を革命の主体とするが、中国では農民を基盤とした革命が可能だと主張しました。もし彼の言うとおり中国に「農民革命」が実現していたら、中国の歴史には偉大な突破口《ブレークスルー》が生じていたはずです。しかし、結果としてそれは起こりませんでした。

その最大の理由は、中国人の持つ家父長的な思考法が毛沢東自身にも濃厚にあったからだと私は考えています。それは共産党独裁の問題にもつながっている。毛沢東が主張した

「聯合政府論」（一九四五年四月）は、共産党は国民党と連合して対日抗戦を行い、その過程で人民を共産党に取り込もうとすることでした。そして、いざ日本が中国から撤退したら国民党を潰しにかかったのです。

毛沢東は、その後も自らの権力を手放そうとはしなかった。文化大革命という政治闘争を行うことによって、自らの独裁を維持しようと考えました。しかし、権力をいつまでも個人のものとする限り、皇帝統治、つまり「法統」から脱することはできず、中国の歴史に新しい時代は訪れません。

中国大陸が過去の歴史と同じように進歩と退歩の繰り返しに陥ったのは、第一に政策決定が指導者個人のものになり、国民の声を聞かないで行ってきたこと。第二に、社会の構造的な変化を長期的に見ることを怠ったこと。そして第三に、指導者が国民の福祉を真剣に考えてこなかったことが原因だと思われます。こうした国民軽視の政策が、社会発展にとっての不確定要素となって、中国大陸の継続的な発展を阻害してきたのです。

現在、中国はアメリカとの関係を深めていますが、その実、アメリカと「大国外交」を行っているように見せかけて、アジアにおけるアメリカの政治的・経済的基盤を吸収しようとしているにすぎません。

いくら経済が発展したとはいえ、現在のところ、中国はアメリカに拮抗するような「大国」ではありません。ただ人口が並はずれて多いだけにすぎない。しかし、もし中国がアメリカの基盤のかなりの部分を自分のものにしたと判断すれば、現在のアメリカ追従を放棄して、アメリカをアジアから排除する方向に転じるでしょう。

「天下は公のために」

私のオフィスには、孫文の「天下は公のために」という言葉が掲げられています。この言葉は、私の政治信条の中心と言っていいものです。

これは、一九四七年の中華民国憲法前文に、「中華民国を創立した孫中山(孫文)先生の遺教に依拠して、国権を強固にし、民権を保障し、社会の安寧を確立し、人民の福利を増進するために、この憲法を制定」すると述べられており、「第一条　中華民国は、三民主義に基づく民有、民治、民享の民主共和国とする」とあるのと同一の考え方です。

国民が所有し、国民が統治し、国民が享受するのが民主主義国家であって、その一つでも欠ければ、もはや民主的とは言えない。そこで孫文は「三民主義」を唱え、国民革命の目標とスローガンにしました。その理論的骨子は、おおよそ次のように要約できます。

いまの中国に必要なものは、清朝の専制政府を打倒し、帝国主義者の侵略から国を解放し、中国人の中国をつくること、しかもそれは専制君主のものではなく、民主共和国でなければならない。そのためには民族主義と民権主義が必要である。

しかし、それだけでは不十分である。すでに民主革命を終えたヨーロッパでも、民衆の生活は楽にならず、社会革命の必要性がいま唱えられている。今日の中国に社会革命の必要はないが、民主革命を経れば必ず社会問題が生ずるから、いま一挙にそれも解決してしまうに如くはない。

したがって、民族・民権主義のほかに民生主義(地権の分配)が必要である。

三民主義について私が勉強したのは高校時代のことです。すでに改造社から『三民主義』が翻訳されていて、私は最初、この日本語版で孫文の三民主義に触れました。さらに蔣介石総統の『中国の命運』の日本語訳が出版されていて、これも戦前に読んでいました。

ここで孫文や蔣介石がとくに問題にしていたのは、中国の持つ社会問題の深刻さでした。高校生だった私が読んだのも、ここに取り上げられていた中国の歴史、社会、政治、文化の問題に興味があったからです。

私がいまでも孫文の三民主義を優れた思想だと思うのは、民権主義を唱えたこと、そして孫文がふだんから口癖のように「天下は公のために」と語っていたからです。

中国人は往々にして利己主義に走りがちで、一方で個人を維持しながら、他方で社会の調和を生み出すということが不得意です。

また、中国文化においては「政治」とはなによりもまず「人民を管理すること」にほかならなかった。言い換えれば、「民をいかに支配するか」が中国の政治というものでした。

中国では伝統的に、政治とはエリートが民衆をコントロールし、管理することを意味するのです。

その意味での「政治」が台湾ではすでに過去のものとなっていますが、中国ではいまだに昔ながらの「政治」が行われています。

現在の共産党下の中国を見ると、この民権主義と「天下は公のために」が忘れられていて、覇権主義と結びついた民族主義ばかりが強い傾向にあります。困ったことに、民族主義が第一に置かれているのです。

これはきわめて覇権主義的な解釈であり、危険な考え方につながります。孫文が中国の革命を推進しようとしていたのは、ヨーロッパの帝国主義が最盛期を迎えており、民族主義が民権主義達成のために不可欠とされていた時代でした。民族主義を考える場合には、そうした時代背景を考慮にいれなければなりません。

もう一つ、孫文の考え方で私が高く評価するのは、土地問題を正確に把握して、民生主義を強調したことです。

これはマルクス経済学でもそうですが、かつての古典的な経済学では土地というものを商品とは考えていませんでした。動かない「絶対地代」として把握していたのです。現在の経済学では、地代についても、他の商品と同様に扱うようになり、さらに土地は外国に行けばいくらでも手に入るというような発想で、安易に数量化するようになってしまっています。

しかし、たとえば農地を考えた場合、ロケーションの問題を度外視するわけにはいきません。どこにその土地があるかという位置的な問題は重要です。その土地の気候と、その土地の農民を切り離して考えることはできないのです。

孫文は「地権の分配」という問題を、非常に重要視していました。地権を集中させてしまってはならない、土地で働く人には土地を与えるべきだと主張していた。逆に、土地で働かない者に土地の所有が集中してしまったら、生産性を上げることはできない。この重大な事実を、孫文は見抜いていたのです。

私が台湾大学を卒業したばかりのころ、台湾でも土地改革問題が起こりました。そのときに私は「働く者に土地を与えよ」という立場で各地を演説して回りました。

私の父親はそれほどの土地は所有していなかったとはいえ、やはり地主だったので、私の主張に反対でした。まして妻の父親などは大地主でしたから、「何を馬鹿なことをしているんだ」と大変に怒っていました。

しかし、私は「祖先から土地を受け継いだ子孫が、働かずにただ地租を徴収して裕福な暮らしをするなどというのは間違っている」と父や義父に反論したものでした。

結果として、父親と親戚はかなりの土地を失うことになり、私の収入にも跳ね返ってきましたが、それでよかったといまでも思っています。

台湾モデル

天下はすべて皇帝のものという考え方がいまも中国人の心理の底に根強く残り、それが現代の中国の覇権主義のもとになっていると私は言いました。

しかし、新疆ウイグル、チベット、内モンゴルなどの自治区の住民は中国人ではありません。そもそも外国の領土を奪っただけですから、中国の領土にいるからといって、チベットの人々は、絶対に自分たちのことを中国人とは言わない。もともと単一民族社会だった日本人とは異なり、中国人とは何者かということは結局、はっきりしないのです。同じように、台湾は中国のものだと中国人は主張しますが、台湾は中国の領土ではない。住民は自分たちを中国人とは言わず、台湾人と言います。

中国とはどこまでをいうのか、中国人とはどこの誰なのか。そこが曖昧《あいまい》だから、結局、中国人が指さすところは中国のものということになる。それが「天下」だからです。天下は現代の「中共王朝」の皇帝、つまり中国共産党のものなのです。国際法というものがあっても、そんなものは無視するのが中国人です。

台湾が中国の一部だと言い張るのは、易姓革命の伝統を受け継いでいるからで、天から与えられた正統の王朝は一つしかないという考え方にいまだにとらわれているからにほかなりません。

日本の素晴らしい点の一つは、明治維新によって東西文明の融合を行ったことです。これによって新しい日本が生まれました。中国では決してこういうことは起こらなかった。日本の統治下に置かれ、日本式の教育と社会改革によって、台湾は徐々に伝統の束縛から脱して新しいスタートを切りました。

国民党に支配されたのちも、われわれは紆余曲折を経ながら、社会と政治両面の改革において大いなる成熟をなしとげました。だから、現代の台湾人と中国はまったく違う。

中国を訪れたいまの台湾の若い人に台湾と中国はどう違うかと聞くと、ほとんどの人が「考え方が根本的に違う」と答えます。法律を遵守するとか、時間を守るといった基本的なところから異なっているのですから、中国が「人権」に目覚めるのも、まだまだ遠い先のことでしょう。

当然ながら、さらなる改革を行い、理想の段階に到達するまでにはなお多くの努力が必要ですが、われわれの行ってきたことは、中国文化の再建に新しい希望をもたらしたと言えるでしょう。たしかに中国は「社会主義市場経済」によって経済は伸びているようにみえますが、思想的には少しも旧套《きゅうとう》を脱したとは言えません。産業は伸びても、政治改革は少しも進んでいないように思えます。

こうした台湾と中国との状況を比べてみれば、むしろ台湾がこれからの中国全体の模範例を提示していることが理解できるのではないでしょうか。中国社会の経済および政治両面における改革のモデルは、まさに台湾に存在するのです。

私は『ウォールストリート・ジャーナル』(一九九八年八月三日付)に「台湾がモデルとなって中国を導く」という論文を寄稿したことがあります。その一節を次に掲げます。

「最近は、共産中国および西側の人々が、中華民国が『台湾独立』『二つの中国』、あるいは『一つの中国、一つの台湾』などのキャンペーンを展開しているといって非難している。しかし、われわれが台湾において行ってきたのは、中国のために、共産党支配から自由で平和な国を確保してきたことに尽きるのである。われわれは、経済を発展させ、民主主義を奉じて、未来の再統一された中国のためのモデルになりつつある。」

経済においては、労働集約的な工業から技術集約的な工業への構造転換を図り、農業の比率を徐々に下げていきました。

政治においても、憲法を改正して総統を国民の直接選挙によって選ぶようにし、政府の改革を進めてきた。さらに教育と司法改革が進めば、さらに成熟した社会が実現できるでしょう。

すべての台湾住民にとって忘れられない一九九九年九月二十一日、あの台湾大地震が起こったとき、緊急救助隊や援助物資など、日本をはじめ世界中から寄せられた支援に、われわれは国際社会の温かい思いやりを感じました。それこそまさに、人道主義精神の具体的な実践であり、ヒューマニズムの至高の表現でした。

しかしながら、誠に遺憾なことに、中国はこうした人道主義を理解していないらしく、地震発生以来、国際社会の台湾への支援に対し妨害を繰り返しました。

たとえば国連による援助活動は事前に必ず中国に通知すべきであるとか、各国は義捐金を「中華民国」の名義で台湾に送ってはならないなどと要求しただけではありません。ロシアやヨルダンの救援専用機の上空通過を妨害し、救援を遅らせたりもしたのです。政治的イデオロギーにとらわれた、人道主義を無視するこのようなやり方は台湾の国民を失望させるものでした。

台湾の国民はここ数年来、人道主義の精神にのっとり、世界各地の重大災害に援助の手を差し伸べ、中国大陸で天災が発生したときにも義捐金を送っています。これこそ国境やイデオロギーを超えた人道主義の精神であり、成熟した民主社会における善意の表れです。

ことさらに中国を批判するつもりはありません。ただ、両岸の発展のギャップを目の当たりにして驚きを禁じ得ないのです。

「一国二制度」はあり得ない

台湾は、すでに「漢賊並び立たず」という発想を放棄しています。「漢」は国民党、「賊」は共産党のことで、「われわれは賊を相手にしない、賊は破滅すればいい」という考え方をやめ、中国全体の「プラス・サム」を模索しようということにしたのです。

もし両岸のあいだに実際的に改善すべきことや、また協力できることがあれば、台湾は積極的に取り組む姿勢を示し、具体的な提案も多く行ってきました。たとえば「指導者の会見」「国際協力」「域外輸送センター」「文化交流」「農業協力」「国有企業の改革」などです。

残念ながら、こうした善意の提案を、中国はほとんど受け入れませんでした。台湾の「プラス・サム」の発想は生かされず、私としても「急がず忍耐強く、穏やかに遠くまで」という方針への転換を余儀なくされました。

この方針に対して中国との統一派の学者やメディア、一部の企業家の強い反発がありましたが、その圧力には屈しなかった。

中国の当局は覇権的・闘争的な態度を崩さず、自分たちの考える「一つの中国」に固執して、その枠組みに編入せしめるか、あるいは台湾が独立を強行しようとしている根も葉もないキャンペーンを展開しました。

もしこのとき「急がず忍耐強く」の政策に基づいて中国に対する防御措置を施していなければ、台湾の産業や経済は中国の「磁吸効果（磁場やブラックホールのように投資を吸い込む）」の衝撃によって危機的な状況に陥っていたでしょう。

あるアメリカの中国専門家に対して、私は、「私たちの『一つの中国』政策を支持してほしい」と言ったことがあります。ここで大切なのは「私たちの」という部分であって、「中国大陸の」ではないということです。

アメリカが「私たちの『一つの中国』政策」を認めるのはもちろんかまわない。しかし、「中国共産党の『一つの中国』政策」にやすやすと乗せられてしまっては困る。そして、台湾が「独立運動を行っている」などという中国からの情報に基づいて台湾政策を進めると、大きな間違いを犯すことになるだろう、と語ったのです。

こうした私の考えを率直に表明したのが、一九九七年七月二十二日の「国家統一委員会」の閉幕談話でした。少し長くなりますが、その一部を引用します。

〈われわれはここに重ねて、中国は統一されなければならないが、統一は全中国人の利益を考慮したものでなければならず、同時に世界の潮流である民主・自由・均富の制度に合致したものであって、すでに実践の過程において失敗が証明されている共産制度、あるいは『一国二制度』によるものであってはならないと考える。

以上のことから、われわれは次のことを強く確信しながら主張する。

第一、共産制度あるいは『一国二制度』による統一は、全中国の民主化にとって不利であり、中国大陸同胞の民主的な生活を享受したいという願望をさらに遠のかせるものとなる。

第二、民主制度による統一によって両岸の三つの地域(大陸、台湾、香港)の力をまとめてこそ、地域の安定に有益となるのである。ひとたび専制によって統一され、閉鎖的な中国となったなら、それは必然的に周辺諸国の不安を惹起《じゃっき》し、アジアのバランスを崩し、アジア太平洋地域の平和と安定に脅威を与えることになる。

第三、民主制度の全面的施行によってこそ、法治主義の構造と透明化された運営ができ、両岸の相互信頼を増進し、さらに双方が確実に協議内容を遵守し、双方の利益に結びつくことができるのである。〉

ここで私は、中国の共産主義と台湾の資本主義の共存が可能だとする「一国二制度」を明確に拒否しました。中国大陸が抱いているこの考え方には根本的な矛盾があり、また、私たちがめざすものとはあまりにかけ離れているからです。

台湾は「生まれ変わった」

さらに私は、われわれがめざすべきものを提示しました。

〈われわれはさらに一歩進んで主張する。

第一、将来の中国は一つであるが、現在の中国は『一つの分断された中国』である。中華民国は一九一二年に成立し、一九四九年以降は台湾に移転しているが、中共政権の管轄権が台湾に及んだことはいまだかつてない。台湾海峡両岸が二つの異なる政治実体によって統治されているのは、否定できない事実なのである。

第二、中国の再統一は段階的に水が高きより低きに流れるごとく行い、時間的な制限を設定してはならない。中国大陸地区の民主化と両岸関係の発展が、『平和統一』の進展を決定するものとなるのである。

第三、統一の前において、台湾における中華民国の国民は、十分な自衛の権利を持つべきである。これは二千百八十万住民の生来の権利であるとともに、同時に台湾地区の民主化の成果を守るものであり、それが中国大陸の民主化促進にとって必要な力となるのである。

第四、統一の前において、台湾における中華民国の国民が生存し発展するのは根本的に必要なことであって、五〇年代、六〇年代と同様に国際活動に参加する十分な権利を保持し、両岸の住民が平等な機会を得てともに国際社会に貢献しうる力とならなければならない。

第五、海峡両岸は交流を拡大し、両地域の繁栄を増進し、さらに協調をもって対立に代え、互恵の関係によって敵意を解消し、将来の平和統一にとって有益な基礎を築かねばならない。

第六、海峡両岸は対等と相互尊重の原則によって十分な意思の疎通を図り、共通点を見出し、分治された中国の現実を出発点となし、両岸の平和協定を協議するとともにこれを

批准し、敵対状態を終結させ、両岸双方の協調体制を促進してアジア太平洋の安定を維持しなければならない。〉

このように、私が台湾の成果を基礎として論じているのは、台湾が昔から自由民主主義の国だったからではありません。そうではなく、台湾が戦後の半世紀のあいだに、次第に現在の政治・経済・社会の形態を築き上げてきたからこそ、私たちの経験を述べようとするのです。

台湾に中華民国が移動してきた当初、台湾は豊かでもなければ平穏な地域でもなかった。国民党が行った政治は強権的で独裁的と言えるものでした。「白色テロ」が横行し、国民党とともに中国大陸から渡ってきた外省人による、台湾居住民である本省人への弾圧もあった。

しかしその後、経済的な発展を実現して、社会的にも安定した状況を生み出し、政治的にも総統の直接選挙に象徴される民主化を推進してきたのです。

現実的に見て、中華民国が台湾において経済、社会、政治の発展を実現し、その成果を蓄積してきたことは間違いありません。同じ中国人が経験してきたこの過程は、中国から見て、いかなる外国の経験よりも参考とする価値のあるものではないでしょうか。

中国人の文化や社会制度が中国社会の進歩を遅らせた面はあるものの、それがすべてではない。それどころか、中国人は経済的繁栄を実現しながら、しっかりした足取りで民主化への道を歩むことが可能なのです。台湾はそれをみごとに証明していると言えます。

私たちのこうした経験は、中国の人々にも思い当たることが多いのではないでしょうか。そして、中国が現在めざしている方向に根本的な深い矛盾があることにも、台湾を注視することによって気づくはずです。

台湾がこれまで経験してきた民主化のプロセスは、単に台湾だけのものではありません。むしろ中国大陸に住む中国人に参考にしてもらい、将来の統一された中国のモデルとしてほしいのです。

したがって、私たちは中国が強制的に主張してきた「一つの中国」論にはまったく同意できませんが、現在進行している部分的な民主化実験には賛同し、成功を願っているのです。

中国が政治改革をさらに推進して、民主化の幅と深さを拡大し、中国人がなおいっそうの知恵と能力を発揮して、開放された多元的な近代社会に向かうことを期待しています。

もちろん、台湾に比べて中国のほうが、問題が大きく深いことは言うまでもありません。私たちがかつて直面していた問題が、中国の抱える問題の多様さ、複雑さ、深刻さには及びもつかないことは認めざるを得ません。

しかし、問題が大きければ大きいほど、深刻であればあるほど、誤った路線の行きつく先は悲惨なものとならざるを得ない。そして、誤った路線が破綻《はたん》したとき、それはアジアの周辺諸国を巻き込む大事件となる恐れがあります。

台湾政府が大きな成果を上げたのは、台湾の歴代の政府に卓見と企画力があったからです。もし根本的に誤った方向に針路を向け、その時々の問題に対処できなければ政策も推進できず、また歴代政府の政策に国民が賢明に呼応しなかったとすれば、現在の政治の基盤である民主的な国民も存在しなかったでしょう。

台湾人はある意味で「生まれ変わった」のです。独裁的な政府の下の無力な国民が、民主的な政府の下の活力ある国民に変貌した。しかし、これが半世紀をかけ、段階的な過程をへて達成されたものであることを忘れるわけにはいきません。今日急に思いついて明日にはすぐ実現するような問題ではない。暴力的な革命によって、一気に決着がつけられるようなプロセスではないのです。

振り返ってみれば、台湾が歩んできたプロセスは革命的ではありましたが、半世紀という時間が必要でした。そして私自身が深くかかわることになった、十数年間の急速な構造的変化もまた「静かなる革命」でした。

特殊な国と国との関係

司馬遼太郎氏との対談で「台湾人に生まれた悲哀」と表現したように、台湾の人々は国民党政権に従属したかたちでついてゆかねばならなかった。そういう複雑な局面から徐々に民主化を進めてきたのです。それがいま本当に実ったからこそ、私は「台湾と中国とは国と国、少なくとも特殊な国と国との関係である」と語るに至ったのです。

この言葉は一九九九年七月九日、ドイツの国際放送局「ドイチェ・ヴェレ」のインタビューに答えて語ったものです。彼らは台湾の経済的成功と民主化の成功を称えたあとで、こう問いかけてきました。

「北京政府は台湾を中国の一省にすぎないとみている。両岸関係は緊張したままだ。この危機をどうすべきだと考えているか」と。

そこで、私は「両岸関係は特殊な国と国との関係である」と答えたのです。つまり、国と国の関係として、この危機を考えていかなければいけないということです。

実はこのとき、中国の海峡両岸関係協会会長である汪道涵《おうどうかん》氏の訪台が四月から十月末に延期になり、中国共産党が十月一日の国慶節(中華人民共和国の建国記念日)に重要談話を発表する計画であることをわれわれは察知していました。

北京政府が、「一国家二制度(「一国両制」)で台湾を香港並みに併合する」と宣言しかねない動きがあったのです。この年の国慶節は建国五十周年にあたり、北京に世界中から人が集まることになっていました。彼らの前でそんな宣言をされては、台湾は窮地に追い込まれてしまう。先んじれば敵を制す。この時点ではっきりと「両岸関係は特殊な国と国との関係である」と表明をしておく必要がありました。

あらかじめそう言っておけば、汪道涵氏が台湾を訪問した際に「国と国だから、お互い対等に話ができますね」という話になります。

かつて中国共産党は「台湾は反乱を起こした中国の一省だ」という言い方をしたことがありますが、そこまで言わなくとも、「台湾は一つの省であり、北京政府がその中央だ」という立場で来られたら、何も話ができない。

その前年、汪道涵氏とこちらの海峡交流基金会・辜振甫《こしんぽ》董事長《とうじちょう》が北京や上海で会見したときに、汪氏は「私は中央であり、台湾は地方政府にすぎない」という態度で臨んでいたのです。こういう考え方は何としても修正しなくてはならない。さもないと、台湾は世界の隅に追いやられて二進《にっち》も三進《さっち》もいかなくなってしまいます。

台湾のアイデンティティをどこに置くかを考えるとき、「台湾の独立」を主張する人たちもいます。しかし、「独立」といっても、どこから独立するのか。台湾はいまどこかの国に占領されているわけではない。

だから、私はあえて「独立」を唱える必要はないと思っています。私自身、「独立」を口にしたことはありません。

なぜなら、中華民国は辛亥革命の結果、一九一二年に成立した国家であり、現に台湾に残っています。たしかに中国での内戦に負けたかもしれませんが、一九四九年に台湾に移ってきてこの島を軍事的に占領し、国民党政府は台湾を有効にコントロールしてきた。

サンフランシスコ講和条約では、日本ははっきりと台湾を放棄しています。誰に台湾を返還したかは言っていないにしても、結局、国際法の見地からは、台湾は中華民国の領土とせざるを得ない。

だから、中華民国の主権と地位を保全しつつ、憲法にしたがって内容を変え、新共和国にすれば、何も台湾は独立を宣言する必要はない。中華民国を「台湾化」すればいい。つまり、「本土化」ということです。

もちろん、国民党政府は外来政権です。この外来政権を台湾と齟齬《そご》のないように結びつけるには、内務的な政治形態を変えることが必要です。そこで行ったのが、一九九一年の憲法修正に基づいて内務的な組織形態を変更することでした。

そして民主化が進んだ結果、いま実際に私たちが持っているのは十分に民意の反映された政府であり、民意によって選ばれた総統です。国家としての主要条件はすべてできあがっている。

事実として、中華民国は台湾に移ってきて、だんだん台湾化したという経緯があります。私はこれを「中華民国在台湾（中華民国は台湾に在り）」と言ってきましたが、最近では「台湾中華民国」というところにまで意識が進んできた。

では台湾に主権があるかどうか、台湾が一つの国家として成立するかどうかというのは国際法の問題でもあるのです。いずれにしろ、現在の状況がそのまま肯定されていけば、何も台湾が独立を宣言して中国と戦争する必要はないでしょう。

「台湾中華民国」

しかし、台湾にはいまだに一つ欠けているものがあります。国内外に対して「台湾は一つの国である」とはっきり宣言したことがないのです。「中華民国在台湾」と言ってはいるものの、「台湾は主権国家だ」と主張したことがない。この問題をわれわれは検討し直さなければならないと考えました。

中華民国は昔から存在している。そして中華人民共和国(中共)は内戦で中国大陸を占拠した政権であるという認識で、従来はやってきた。

わたしは一九九一年に、この認識をはっきりと転換しました。

中国大陸における政府は、いま有効に中国大陸を占拠・支配しているし、統治している。だから私は中国大陸の中共政府は認める。そして両岸における戦争もこれで終わるべきだ。これからはお互いに話し合ってやっていくべきではないか。私はそう主張してきました。

これまでは「一国二政府」というかたちで説明してきたが、それでは不足です。むしろ、「二つの国」というくらいの考え方でないと正確ではない。そのためには、われわれはもう一歩進んで、中華人民共和国を正式に承認しなくてはなりません。

中共を承認すると、向こうは「新しい国」、こちらは「古い国」ということになる。

その「古い国」が変化したのです。いまの中華民国はいままでの「民国」ではありません。いまや内容がすべて変わった「ニュー・リパブリック（第二共和国）」なのです。

一九九八年いっぱいで台湾省は廃止しました。そして、憲法の内容もかなり変わった。ただし、憲法第四条にある領土に関する規定はそのままです。この中華民国第四条と修正条文第四条五項には、非常に興味深いことが書かれています。

「中華民国の領土は、その固有の領域を領土とし、国民大会による決議を経なければ変更することができない」

国民大会はすでに廃止されたので、改正された現在の憲法では「立法院と公民投票による決議を経なければ変更することができない」と条文は変わっていますが、内容は変わっていません。そうすると、この一条はどんな状況に対しても使えることになります。いま台湾が有効に支配している地域は台湾島、澎湖《ぼうこ》諸島、金門《きんもん》島、馬祖《ばそ》島ですから、ここが領土だと説明できる。ことさらに憲法を修正して、一つの国家だという条件をつくる必要はありません。

あえてそう主張すると、中共だけでなく、アメリカも刺激してしまうでしょう。

中華人民共和国は一九四九年になって中華民国から出てきた。それ以前も以後も、中華民国はずっと存立している。中国大陸にあるのは、分離した新しい国家だ。

私はこの考え方が最も妥当で、かつ事実に即したものだと思います。

変化の過程のなかで、台湾のアイデンティティの問題は、いまや「台湾中華民国」という意識にまで進んできました。繰り返しますが、中華民国もこれまでの中華民国ではありません。「ニュー・リパブリック」、つまり「第二共和国」なのです。これをいつ誰がはっきり言うかはわかりませんが、いずれそうしなくてはなりません。

第四章

尖閣と日台中

台湾にとっての「尖閣」

いま中国は非常に不安定、不確定な要素を孕んでいます。たとえば、制度的な矛盾からくる不確定性、民主化が進まないための不確定性、法治ではなく人治の支配による不確定性などがある。この不確定性を解消しなくては抜本的な転換は不可能です。

このことは、中国共産党の不確定性を意味するだけでなく、当局の能力を超えたところでの不確定性をも生み出す可能性がある。

いまの中国が直面している構造的変化は、規模において未曾有《みぞう》のものです。何より中国には広大な大地が広がっている。人口も非常に多い。問題は文化的・社会的・民族的に多様性をきわめ、その根はとてつもなく深いと言えるでしょう。

さらに、周辺諸国とのきわめて不安定な関係が大きな問題になってきました。中国の国民のことを考えれば、国際的摩擦は何としても避けるべきです。ことに日本・台湾とのあいだで緊張が深まれば、中国の出方に大きな影響を与えるでしょう。

にもかかわらず、共産党政府は相変わらず覇権主義的かつ闘争的で、現在も南シナ海の領有をめぐり、東南アジア諸国に対して牙を剝いています。

日本とのあいだでは、現在尖閣諸島をめぐって緊張が続いていますが、この尖閣諸島の領有権をめぐっては、わが台湾も交え、日台中三国で紛糾《ふんきゅう》し、大きな外交問題になっています。

台湾で尖閣諸島の帰属問題を最初に言い出したのは現在の総統である馬英九で、ハーバード大学在学中の一九七二年に国民党系の新聞『波士頓通訊（ボストン通信）』で「尖閣諸島は台湾が領有権を持つ」と主張したのが始まりです。

これは国連による海洋法公布の準備が進み、さらに尖閣諸島の海底で石油が発見されたという情報が飛び交っていた時期ですから、おそらく台湾の一般大衆受けを狙った発言でしょう。

二〇〇〇年に民進党が政権をとると、陳水扁総統の直系である第三代行政院長の游錫堃《ゆうしやくこん》は、彼の出身地である宜蘭《ぎらん》県の頭城鎮《とうじょうちん》という町の一部に尖閣諸島を編入してしまいました。これほどばかげたことはない。中国だけでなく、台湾にも人民を欺こうとする政府要人がいるのです。

たしかに、かつて台湾が日本の統治下にあったころ、尖閣諸島は台湾と深い関係があったことは事実です。

尖閣諸島の近海は、古くから豊かな漁場でした。沖縄の漁民だけでなく、台湾の基隆《きいるん》や蘇澳《すおう》の漁師も尖閣諸島の海で漁をしていた。ところが、沖縄の漁民は帰るには距離的に遠くて大変だし、台湾には基隆や台北という大きな市場があるため、そのほとんどは基隆に住んで商いをしていました。基隆港の北西にある和平島は、戦前には社寮島《しゃりょうとう》と呼ばれ、ここに沖縄の漁民集落が形成されていました。最盛期の昭和初期には六百人近い漁民が住んでいたといいます。

近年には、ここに漁や戦時中の混乱で命を落とした沖縄の漁民を慰霊する碑も建てられ、当時、沖縄と台湾の漁民がともに尖閣諸島の漁場で魚を獲ってきたことを物語っています。

尖閣諸島が台湾に帰属したことなどありません。これは疑いようのない事実です。しかし、第二次大戦で日本が敗北すると、沖縄はアメリカに、台湾は国民党政府に占領され、それぞれ異なった管轄下に置かれてしまいました。

その状況のまま、台湾の漁民も沖縄の漁民も、尖閣諸島の漁場を共有してきました。しかし、一九七二年、佐藤(栄作)内閣のときに、尖閣諸島は沖縄とともに日本に返還され、沖縄は日本の領土に復帰しました。

日本政府も、かつて台湾は日本領であり、沖縄と台湾の漁民が一緒になって漁をしてきたことを理解していません。そのため、台湾漁民が習慣的に尖閣諸島の魚を獲ることは国際法上の領土侵害であると見なし、台湾漁船を排斥することにしました。それで台湾の漁民が騒ぎ出したのです。

私の総統時代の一九九六年、この漁場問題で日本の農林省と相談し、漁業権は水利権と同じように習慣的なものだから、お互いに協定を結んでやっていくしかないと提案しました。当時の農林省はわれわれに便宜を図ってくれましたが、その後政権が替わると考えも変わり、漁業協定問題で十六回会議が行われたにもかかわらず、なかなか結論が出ない。

台湾には「愛国同心会」という香港を拠点とするナショナリズム集団があり、彼らはこの状況を利用して一部の漁民を煽動し、尖閣諸島に上陸させたりして騒ぎを起こしてきました。その尻馬に乗って「尖閣諸島は台湾の領土だ」などと言い出したのが、たとえば国民党の前行政院院長で、現在副総統の呉敦義《ごとんぎ》や、先ほど名前をあげた民進党の游錫堃のような、何も知らず常識もない台湾の政治屋たちです。

二〇〇九年以降、日台間の漁業協定交渉は中断していましたが、「早急に日台漁業協定を締結すべき」という安倍総理の指示のもと、四年ぶりに再開されました。そして二〇一三年四月一〇日、双方はついに合意に達し、協定は調印されたのです。台湾の漁民のために早期妥結を望んできた私にとっても、じつに喜ばしいことで、まさに歴史的快挙と快哉を叫びたいほどでした。

一部では、「私が人を介して漁業協定締結に反対する仲井眞弘多《なかいまひろかず》・沖縄県知事を説得した、日台漁業交渉締結の立役者は李登輝だ」という論考も目にしましたが、根も葉もないデタラメです。私は一切何もタッチしていません。ひとえに安倍総理の決断のおかげです。

これまで、日台間に横たわる大きな問題は、この尖閣諸島の漁業権だけでした。それが解決された以上、台湾には文句を言う筋合いもないし、日台友好の進展を阻むものもありません。馬英九総統の主張も空文化していくでしょう。

中国が狙う両岸の「共同反日」

中国はこの状況を見て、台湾は中国の一部であると宣言し、尖閣諸島も自国の領土であると唱え始め、北京に「釣魚台別館《ちょうぎょだい》」という招待所をつくって、台湾の賓客を招待したりしています。

二〇一〇年に起こった中国漁船による海上保安庁巡視船への衝突事件は、その経緯を見ると、台湾における一部の政治活動家、愛国同心会などの過激分子、そして中国共同の企てと考えなければなりません。

日本が尖閣諸島を国有化したとき、中国各地で反日デモが起こりました。ところがテレビのニュースで見ると、保安隊の人間が先頭に立って大声を上げています。デモを煽動しているのは保安隊なのです。

しかも、デモ隊のなかに、中華民国の国旗を掲げている人間がいる。中華民国を認めていないくせに、意図的に両岸の「共同反日」の印象をつくろうとしているのです。

中国における台湾弁事処は、「垣根のなかで争っていても兄弟は兄弟である。対外的には共同して主権を守るべきではないか」と、台湾と中国を「兄弟」と呼び始めました。

沖縄とともに尖閣諸島が日本に返還されたとき、台湾も中国も異議を唱えなかった。アメリカとの関係を考慮したのかもしれませんが、最も大きな原因は、尖閣諸島が日本の領土であることを知っていたからです。

薩摩が行政を握っていた琉球は、一八七一(明治四)年に廃藩置県によって鹿児島県の管轄となり、一八七二年に琉球藩が設置され、次いで沖縄県となりました。そうして尖閣諸島の実地調査を沖縄県が行い、尖閣が清国をはじめどこの国にも帰属しない「無主の土地」であることを確認したうえで一八九五年に沖縄県の管轄地として日本の領土に編入しました。

馬英九は清末期の『上海新報』という新聞を持ち出して、台湾以北の小島は、それまで清朝時代の領土だったと言っていますが、日本が尖閣を領土に編入したときにも清朝は異議を唱えていません。

七〇年代初期の中華民国政府の新聞によると、「世界地図集」では尖閣諸島は「琉球群島」に属し、名称は「尖閣群島」となっており、日本がおよそ百年にわたって有効に管理しているとあります。百年間、有効に管轄しているにもかかわらず、日本に主権はない、中国、あるいは台湾のものだというような主張が、国際法的に通るものでしょうか。

私が二〇〇八年に沖縄を訪問したとき、仲井眞県知事と食事をしながら、「尖閣諸島は沖縄のものです」と言ったら、知事は黙っているだけで何も言わない。これには驚きました。

仲井眞知事のルーツは中国で、彼はそのことを誇りにしているといいます。沖縄は明治以来、もう百五十年近く日本の領土ですが、明の時代に琉球が朝貢を行っていたことはたしかです。琉球王の王宮だった首里城を見ると、文化的には朝鮮に近い感じもします。沖縄には、いまでも自分は日本人だという人と、私は琉球人だ、あるいは中国系琉球人だという人もいる。これはしかたのないことかもしれません。しかし、事実は事実としてはっきり言わなければならない。

私が台湾の中央大学で講演したとき、中国の留学生から、「尖閣諸島は中国固有の領土であるにもかかわらず、なぜあなたは日本のものだと言うのか」という質問があった。だから、私は「いつ中国のものになったのか、その裏付けとなる証拠を出しなさい。私も日本領土である証拠を見せましょう」と答えました。「それは個人的な見解だろう」と彼が怒りだしたので、私は「見解ではなく、歴史的事実だ。ものごとを判断するには、政府の言うことを鵜呑みにするのではなく、自分で調べて客観的に事実を見なければいけない」と諭し、「台湾も中国のものではなく、未来の中国民主化のモデルです。あなたは学生ではないか。自分でしっかり勉強してから、尖閣諸島は中国のものであると言いなさい」と、彼に台湾の歴史について書いた私の著書を二冊進呈しました。

「千島湖事件」と「台湾海峡ミサイル危機」

現在の中国の覇権主義的な姿勢が続くようではアジアに平和が訪れることはありません。これはアジアだけでなく、世界的に見てもゆゆしき問題と言わねばならない。覇権主義的で民族主義的な大中華主義は、アジアの国々にとっても恐るべき思想です。ロシアが中国に圧迫を感じることはないでしょうが、インドは脅威を感じながら中国と対峙し、他の国も多かれ少なかれ中国を恐れています。このままではアジアに平和で安定した日々が訪れることはないでしょう。

そして、残念ながら、中国に対して最も弱いのが日本です。これまでの日本は中国の意向をうかがいながら国内政治を行い、歴史解釈についてすら相談する始末でした。

台湾と中国との関係についても、台湾海峡には一時期、和解ムードが漂っていましたが、九三年に江沢民《こうたくみん》が国家主席に就任すると、中国の野望が露わになり、状況が一変します。

九六年の台湾総統選挙を前にして、中共政府は台湾海峡で大規模な軍事演習を行い、ミサイルを台湾周辺に撃ち込みました。ところがアメリカの二隻の空母が台湾海峡の沖合に来ると、すぐに軍隊を引っ込めてしまった。

これが中国人のやり方なのです。相手が弱いと見ると虐《いじ》め、強く出れば遠慮して引っ込む。非常に中国的で、毛沢東の戦略も同じようなものでした。ですから、中国に対して、日本ははっきりものを言ったほうがいいのです。

私が総統時代に、どのように中国と対峙したかをお話ししましょう。

九四年に、中国浙江省の千島湖《せんとうこ》で遊覧船が襲われ、放火によって台湾人観光客二十四名、ガイドと乗員を含む三十二名全員が殺害された事件が起こりました。いわゆる「千島湖事件」です。

ところがこの事件は、発生当時は公表されず、それから二日後に、中国のラジオが「火災によって全員が船員休憩室で焼死した」と第一報を報じました。しかし、船が火事になって、三十二人が一室に避難することなどあり得ない。しかも、中国政府と公安当局は報道管制を布き、事件現場は軍によって封鎖された。観光客の荷物も遺品もない、荼毘《だび》に付された遺体の頭部が欠けている……等々、あまりに不自然な点が多すぎました。

私はただちに中国への渡航を禁止し、台湾資本の投資審査も停止して、猛烈に抗議しました。われわれには、これが解放軍兵士の引き起こした事件だという確証があったのです。中国政府は「中国と台湾の友好関係を裂こうとする政治的陰謀がある」と突っぱねた。私は、「中国は土匪《どひ》(盗賊集団)国家か」と怒鳴りつけました。

中国政府は人為的な事件であることを認めざるを得ず、あわてて人民解放軍の元兵士三名を逮捕し、急いで死刑にしました。

しかし、わずか三人で三十二人を一度に殺せるものでしょうか。しかも、その三人は法院（裁判所）で何かを見ながら話をしていた。初めから筋書きができていて、供述内容も公安当局によってあらかじめ決められていたのです。彼らが事件当日は刑務所にいたこともあとからわかった。

台湾政府の強硬な抗議に狼狽して、身代わりをたててその場をとりつくろったのです。いかにも中国的なやり方です。

先ほども触れた、九六年に初めての総統直接選挙が行われたときには、中国は選挙を妨害するために軍事演習を強行し、台北と高雄沖海域にミサイルを撃ち込んで威嚇しました。そんなものは怖くない。それが空砲であることが私にはわかっていました。だから、「あのミサイルは見せかけだけで、爆薬が入っていない。入っているのは、着弾地点を知るための計測器だけです。これは脅しにすぎない。心配はない。私は台湾を守るための十八種類のシナリオを持っています」と言って国民を安心させました。

諸外国に対しても、ミサイルの飛ぶ空域を知らせ、航空機の安全飛行区域を明確にするとともに、民間航空会社に注意を呼びかけました。

軍事的な備えはもちろんですが、重要なのは株式市場の動揺を防ぐことでした。台湾のマーケットは中国の情勢に過敏に反応します。私は国民党の総統候補として選挙運動に多忙をきわめていましたが、総統府、行政院の各責任者、各閣僚を集めて、市場を沈静化するための具体策を協議しました。

その結果、総額二千億台湾ドルの「株式市場安定基金」を創設し、株式相場が暴落しそうになったら、市場に介入して株を大量に買い上げる態勢を整えました。

そして、国民が銀行の窓口に殺到して取り付け騒ぎが起こったときに備えて、市中銀行に払い戻しの現金を用意させた。そのための資金として五百億台湾ドルを準備しました。国外脱出を図る市民が続出すると不動産の価格が暴落することも考えられるので、買い支えの資金も準備した。もちろん、食糧は七カ月分備蓄しました。「来るなら来い」という気構えで、次から次へ手を打ったのです。

こうした有事への備えが功を奏して、幸いマーケットに大きな動揺は起きませんでした。中国の恫喝《どうかつ》に遭《あ》っても、株式市場の安定は保たれたのです。

台湾に対して実際に武力侵攻してくるつもりはなく、選挙に対して心理的な揺さぶりをかけるのが中国の目的であることは明らかでした。だから、ミサイルごときで台湾経済は動揺しないことを見せつけたのです。もちろん、本当に武力で侵攻してくるようであれば、別の対応策をとっていたでしょう。

強い態度で相対しない限り、中国は何をやりだすかわからない国ですから、われわれは毅然として立ち向かった。するとアメリカでは議会がクリントン大統領を動かして、横須賀と中東から空母二隻を台湾海峡に派遣しました。中国は恐れをなして引き下がりました。

アメリカは七九年に中華人民共和国を承認して、台湾との国交は断絶しましたが、このとき同時に「台湾関係法」という国内法を制定しています。これは台湾の現状維持と安全とに十分な保障を与えるもので、そこには台湾海峡で何かが起こった場合、アメリカは台湾を守らねばならないと明記されている。したがって、中国が台湾海峡でミサイル演習などを始めたら、アメリカは見過ごすわけにはいかないのです。

安倍総理の断固とした態度

おかしなことに、日本では、尖閣諸島はわが領土だと中国に対してはっきり主張する政治家が少なかった。どうして日本人ははっきり言わないのか、私には理解できませんでした。

相手をまず恫喝するのが中国という国の常套手段です。脅して言いなりになったら嵩《かさ》にかかって攻めてくる。これまでの対日外交がそのいい例です。

中国漁船が海上保安庁の船に体当たりしてきたときには、当時の菅（直人）総理は逮捕した漁船の船長をすぐに釈放してしまった。いったい中国の何を恐れているのか。日本はアメリカとの戦争に敗れたのであって、中国共産党に負けたわけではない。しかも戦争が終わってもう七十年近くたっているのにいまだに謝り続けているのはなぜでしょう。

韓国に対してもそうです。李明博《イミョンバク》大統領が外交ルールを破って竹島に上陸したことに対して、野田総理は何もできなかった。それどころか、野田総理は笑いながら李明博大統領と握手していました。私が日本の総理だったら、「国際的なルールを少しは守ったらどうか」と怒鳴りつけていたでしょう。

総理になっても自信が持てないから、あのようなことになる。日本という国を代表する総理だという気構えがなく、国と国民を何とかいい方向に導いていかなくてはならないという強い気持ちがない。自信を持って言うべきことを言わないと手遅れになる。気がついたときにはもう遅いのです。

総理になった安倍晋三氏が訪米してオバマ大統領に会い、「尖閣諸島は日本の領土だ。一歩たりとも外国の侵略を許さない」と言い切ったのは効果的でした。尖閣の問題について、ここまではっきりした態度を示した総理大臣はこれまでいなかった。中国は明らかにひるんでいるはずです。現に、民主党政権のときよりはおとなしくなっている。相手が強く出ると引っ込むのが中国人です。

アメリカでも、ヒラリー・クリントン前国務長官が「尖閣諸島は日米安保条約の範囲内だ」と発言しました。さらに、先日来日したオバマ大統領も「尖閣諸島は日米安保条約の適用対象である」と明言しました。

中共政府としては、やはりアメリカが怖いから、あまり事を起こしたくはない。ところが、人民解放軍の手前、強硬な態度に出ているのです。そうして中国は、脅したりすかしたりして、日本が自国の領土をどのように管理しているか、自国の領土を守る強い意志を持っているかどうかを試している。飛行機や監視船や、漁船まで出して「尖閣は中国の領土だ」とふっかけているのです。

すっかりおびえてしまって、尖閣諸島を共同管理にしたらどうかなどと言い出した情けない日本の政治家がいます。中国の脅しに屈してはいけません。そんなことを言ったら、中国はすかさず、「ほら、日本に主権があると言いながら、実際は自国の領土とは思っていない、自分たちで管理していないから共同管理などと言い出すのだ」と、アメリカをはじめとする国際社会に言いふらすでしょう。

いまのアメリカは中国に対して強く出られない状況にあるから、曖昧な態度をとらざるを得ない。もし共同管理ということにでもなったら、中国にとってはしめたものです。

中国は陸軍の力では覇権を拡張していく道がないこともあって、海軍力の強化に努めています。日本が譲歩すれば、中国は「共同管理」を理由に尖閣諸島に上陸し、たちまち周辺海域を制圧するでしょう。そして、そこを突破口として中国海軍はわがもの顔に太平洋に出ていきます。それこそが中国の狙いです。日本政府は毅然とした態度で、中国側の「共同管理」の申し出を断固拒絶しなければなりません。

アメリカへの絶対服従や中華人民共和国への卑屈な叩頭《こうとう》外交、すなわち頭を地につけて拝礼するような外交は、世界に名だたる経済大国を築き上げた日本にそぐわないものです。

日本と中華人民共和国との関係は、武者小路実篤《むしやのこうじさねあつ》の「君は君、我は我なり、されど仲良き」という言葉に示されているような、「けじめのある関係」でなければなりません。

中国という国の本質的な不確実性を考えれば、日本も台湾も、目の前にぶらさがった〝中国市場という名のニンジン〟に惑わされず、「君は君、我は我」という毅然とした態度を堅持して関係を構築することが必要だと考えます。

これまでの日本外交は、相手の主張を唯々諾々として受け止め、できるだけ波風を立てないように気を使ってきたように見受けられます。

しかし、残念ながら、謙虚な態度で接すれば接するほど、足元を見てつけあがる国があるのです。どうしてそれに気づかなかったのでしょう。

その点、現在の安倍総理の外交は堂々としたもので、高く評価できます。安倍政権は長期政権になることが予想されますが、いずれリーダーが交代したときに元の木阿弥にならないよう、手を打っておくことも必要になるでしょう。

中国に重点を置きすぎてもいけない。ビジネスの考え方を変える必要もある。そして、中国の脅威を防ぐためには、千島列島から日本列島、琉球列島から台湾、フィリピン、インドネシアと、この一つに並ぶレーンをしっかり押さえることです。

これは、後藤新平が台湾を離れ、満洲に赴いたために実現しませんでしたが、後藤が考えていた南進政策にも合致しています。

中国の独善的な論法

「尖閣は中国のもの」というだけでなく、最近の中国は沖縄本島まで自分たちの領土だと言い始めています。これは、実は「台湾は中国の一部だ」という主張の延長上にある。日本人のなかにも台湾は中国の一部だと思っている人がいるかもしれませんが、これは歴史的にも明らかに欺瞞に満ちた暴論です。

中華人民共和国政府はかつて一度も台湾を治めたことがない。もちろん、尖閣・沖縄についても同様です。にもかかわらず、中共政府は「中華民族」という幻想をふりかざし、大中華民族主義の覇権を唱えている。

台湾四百年の歴史は非常にはっきりしています。台湾が中国の古い史書に記述され始めるのは三世紀ころのこと。明・清の時代に中国大陸沿岸の人々が海峡を渡って移り住んだときには、すでに先住民が暮らしていました。十七世紀にはポルトガル人が「フォルモサ（美しい島）」と呼び、その後、オランダ人が一時的に占領し、拠点としました。

以後の台湾の統治者については日本人にはあまり知られていないので、以下に要点を列記しましょう。

一六二四年　オランダが南台湾の一部を占領する。

一六二六年　スペインが北台湾の一部を占領する。
一六四二年　オランダがスペインを駆逐。台湾の統治者となる。
一六六二年　明朝が清に滅ぼされ、明の将軍鄭成功《ていせいこう》が「反清復明」を標榜して台湾に渡り、オランダを台湾から追い出して政権を立てる。
一六八三年　清国が台湾を併呑《へいどん》、台湾は清国の一部となる。
一八九五年　日清戦争後の下関条約（馬関条約）で清国は台湾を日本に割譲。台湾は日本の一部となる。
一九四五年　大東亜戦争で日本敗戦。連合軍から委託された国民党軍隊が台湾に進駐。これは委託軍事占領に該当する。
一九五一年　日本がサンフランシスコ条約に署名。一九五二（昭和二十七）年に条約発効となり、日本は台湾および澎湖諸島の主権を放棄するが、台湾主権の帰属は未決。それ以降、「台湾の主権未定」のまま今日に至る。

これからもわかるように、台湾はオランダ、スペイン、鄭成功、清朝、日本、そして中華民国政府という六つの外来政権にこれまで治められてきました。
一六八三年から一八九五年までの二百年間は中国大陸とともに清朝の一部でしたが、その後は清の手を離れています。

もし、清の時代に中国と台湾がその統治下に置かれていたことをもって「台湾は中国の一部」もしくは「台湾は中華人民共和国の一部」というのなら、同じように台湾を領有していたことのあるオランダ、スペイン、そして日本も「台湾は古来オランダに属する」「台湾はスペインの一部」「台湾は古来日本のもの」と主張する権利があることになります。中国の論法はまさに根拠のない身勝手なものであることがわかるでしょう。

たしかに台湾には中国からの移民が多いが、アメリカ国民の多くも最初はイギリスから渡ってきました。しかし今日、「アメリカはイギリスの一部だ」などと言い出す人はいません。台湾と中国の関係もそれと同じです。

台湾はアメリカのような移民国家です。「アメリカ人」と同様、「台湾人」は地縁や血縁を頼りに集まった人々ではなく、多元的で開放的な社会を構成し、自由な結合状態を保ちながら、民主・自由の理念の下に共生する人々の集合体なのです。

台湾と中国は別個の国家であり、ましてや台湾は中国の属国ではないという事実をはっきりさせなければなりません。したがって、中国との「統一」に関する対話などすべきではない。

台湾人自身がこうした認識を明確に持ち、そうして台湾の軍隊はしっかり人民を守らねばならない。中国からの攻撃に対し、しっかりと向き合う必要があります。武器だけを持っていても意味はありません。軍人も人民も、しっかり台湾を守っていくという気概を持たなければならないのです。中国に向き合うという意味においては、日本にも同じことが言えるのではないでしょうか。

韓国人と台湾人

日本の領土問題は、竹島をめぐって韓国とのあいだでも起こっています。

朝鮮も台湾もかつては同じように日本統治の時代があったのに、台湾の人々が日本人に非常に親しみを感じている一方で、どうして朝鮮・韓国人はこれほど反日的なのか。

ご存じのように、台湾も韓国も、終戦まで日本の領土でした。とはいえ、台湾は植民地で、朝鮮半島は大韓民国という国が日本と合併し、一つの国になった。いわゆる一九一〇年の「日韓併合」です。かつてチェコとスロバキアが合併して「チェコスロバキア」になったのと同じケースです。

一方、台湾は、日清戦争で清国が負け、日本に割譲された土地です。一八九五年四月十七日、下関の春帆楼《しゅんぱんろう》で伊藤博文と李鴻章《りこうしょう》が交渉して下関条約(馬関条約)が結ばれ、台湾は日本の植民地になった。

当時、清国は台湾に巡撫《じゅんぶ》(知事)を置いていました。初代台湾巡撫は劉銘伝《りゅうめいでん》という人物で、李鴻章の部下で砲兵隊の司令官でした。彼は李鴻章によって台湾に派遣されたのですが、それまでの台湾というのは、清国の版図《はんと》といっても、農民はみな自分たちで勝手に土地を耕し、匪賊《ひぞく》が多くて三年に一度は乱れ、五年に一度は大難が起こるという治めにくい土地だったため、積極的な統治は行われず、放置されていました。つまり、文化の及ばない「化外の地」だったのです。

十七世紀に中国大陸から多くの移民が台湾へやってきましたが、これも、暮らしていけなくなった難民がやむなく台湾へ逃げ出してきたというのが実態です。

そのため、韓国人の待遇は植民地の人間である台湾人よりずっとよかった。韓国人はいくばくかの差はあったとはいえ、基本的には日本人とほぼ対等の待遇を受けていました。たとえば韓国に赴任してきた会社員や公務員の日本人の給料が百円なら韓国人も百円というように。ところが、われわれ台湾人は二級国民だった。日本人や韓国人の七割か八割ぐらいしかもらえなかった。

朝鮮の人間と違って、われわれ台湾人は学校に入るのも苦労しました。入学者の人数が決められていて、高等学校は一クラス四十人中、台湾人は多くて三人か四人でした。別に成績が悪いわけではありません。

それでも、当時の台湾人で成績優秀な者は、医者か弁護士になる以外に適当な職がなく、官吏にはなかなかなれませんでした。

私が高等学校に入ったころ、もうそろそろ大東亜戦争が始まるころになって初めて、学校を出たばかりの若い台湾人が郡守になった。当時の台湾の行政区画は、まず内地の府県にあたる州があり、それから庁、その下に郡がありました。

私は歴史が好きだったので、西洋史の先生になろうと思ったことがありました。ところが、日本統治時代に台湾人が中学校の教師になるのは大変でした。小学校の校長先生になった台湾人は五人しかいなかった。植民地でありながら、教育だけは日本本土と変わらないものを与えられたのですが、そういうところにどうしても差別がありました。そこで私は西洋史の教師になるのをあきらめ、農業経済の道を志したのです。

そんな差別を受けてきたのに、なぜ日本に対する考えが韓国とは一八〇度近く違うのでしょうか。

「日本精神（リップンチェンシン）」と「謝謝台湾」

台湾の社会は日本的教育の大きな影響を受けてきました。

教育によって近代概念が台湾に導入され、法と時間を守ること、金融貨幣経済の基礎、経営感覚などを台湾人は学び、徐々に新しい台湾人像をつくり上げていくのです。

日本が戦争に負け、新しい支配者として中国大陸から国民党がやってくると、彼らは〝五千年の中国の歴史〟を押しつけ、台湾住民を迫害しました。

その独善的な〝中華思想〟に台湾人は幻滅し、いかに日本文化が洗練されたものだったか、日本の恩恵がいかに大きなものだったのかにあらためて気づきました。

台湾人は「日本精神（リップンチェンシン）」という言葉を好んで用います。これは日本統治時代に台湾人が学び、ある意味では純粋培養されたとも言えるものです。勇気、誠実、勤勉、奉公、自己犠牲、責任感、清潔といった諸々の美点を指す言葉ですが、実はこの言葉が人口《じんこう》に膾炙《かいしゃ》したのは戦後のことで、当初は中国大陸から来た国民党の統治者たちが自分たちには持ち合わせない台湾人の気質を表したものでした。

これが後に、台湾人が誇るべき素養や気質を自ら「日本精神」と呼ぶようになったのです。いわば、台湾に根付いた武士道です。こういう精神があったからこそ、戦後の中国文化に完全に呑み込まれることがなかったとも言えますし、現在の近代社会が確立されたとも言えるのです。

朝鮮の場合は経緯がまったく異なります。そもそも朝鮮は国として長い歴史を持ち、古くから中国の大きな影響を受けています。その歴史をみると、常に中国文化の下にあったと言えるでしょう。

そうしたなかで、韓国が一つの国として成り立っていくのが徐々に難しくなってしまった。どこかに支えてもらわなければ存在できない状態に追い込まれてしまったのです。つまり、日本と一緒になるか、あるいは清国と一緒になるか。そうして韓国は日本を選び、日韓は合併しました。

そういう経緯を見てもわかるように、韓国人の思考と日本人の思考は根本から異なっている。初めから別個のものだったのです。

台湾人と韓国人では日本に対する考え方がまったく違う。日本統治時代への見方も明確に異なります。同じく日本の統治を受けたというだけで台湾と韓国を一緒に考えると、大きな誤解を招くでしょう。

台湾人は中国人や韓国人と違い、非常に親日的な感情を持っています。日本はこれまでの中国大陸一辺倒の外交をやめ、これからは台湾との関係を深めていくべきです。日本の教育を見ていると、やはり台湾に対する考え方が冷淡な感じがします。外務省も態度を改めるべきだと思います。

東日本大震災の惨状のなかでも秩序を守り、互いを思いやる日本人の姿は世界各国から絶賛されましたが、日本の精神文化がいまも生き続けていることを知って感銘を受けた人々が台湾にも数多くいます。

そのため、台湾からはさまざまな形で復興支援が行われ、義捐金《ぎえんきん》は、最終的に世界で最多の二百億円を超えました。

これに日本の若い人たちが心から感謝し、台湾に関する意識が変わってきていると聞きます。時の民主党の日本政府はアメリカや中国の新聞には感謝広告を掲載したのに、台湾の新聞には出さなかった。そこで民間の有志がツィッターで「謝謝台湾計画」として広告掲載の資金募集を呼びかけ、『聯合報』と『自由時報』に掲載してくれました。

民主党政府は台湾を無視して中国の顔色をうかがっていた。台湾の馬英九総統は、なぜ台湾人がここまで日本に関心を持つのか理解できなかったと思います。

しかし、民間のレベルでは、台湾人と日本人は心の絆で結ばれていたのです。

台湾にも、日本がもっと強くなり、国際社会のなかで存在感を示してほしいと思っている人は多い。台湾人は日本に対し常に関心を持っています。

また民主党に代わって政権を取り戻した安倍総理は、懸案の漁業協定締結にこぎつけてくれたうえ、歴代の日本の政治指導者が見せてきた〝中国第一〟の意識にとらわれることなく、「フェイスブック」で台湾の支援に対し、台湾を「大切な日本の友人」と呼んで感謝しました。多くの台湾人が、この言葉に心から喜びました。

これらの事実は、ここ四十年にわたって日台間に存在した表面的な関係を具体的な形で促進したものと言えるでしょう。

残る課題は、日本版「台湾関係法」の制定です。〝日中国交正常化〟にともなう中華民国との断交以来、日台交流の法的根拠を欠いたままでいます。台湾関係法を国内法として定めて外交関係を堅持しているアメリカを参考にしてほしい。「日米台」という連合によって、今後の新しい極東の秩序を築くための良い礎《いしずえ》となるはずです。

中国の脅威に対抗し、日本と台湾の安全と繁栄を確保するためにも、日台の経済関係を安定させ、文化交流を促進し、日本と台湾のあいだの絆を強めていくことが不可欠だと私は考えています。

「台湾と日本は運命共同体である」というテーマをどう認識し、どう発展させていくか。両国民が力を合わせ、この問題に取り組んでいってほしいと思います。

第五章

指導者の条件

台北郊外にある観音山山頂より淡水河を望む。

人命より体裁を優先した民主党政府

二〇一一年三月十一日、東日本大震災発生のニュースを、多くの台湾人は悲痛な思いで見守っていました。そして未曾有の災害に遭いながら天を恨まず、じっと耐え、整然として救助を待つ規律ある日本国民の姿に感動と尊敬の念を抱きました。

台湾人だけでなく、全世界が日本人の良識ある行動とマナーのよさ、礼儀正しさを知って驚嘆したはずです。気がついていないのは日本人だけで、外国から見ると、日本人は本当に精神性に優れた民族なのです。

私が総統時代の一九九九年、台湾中部で大地震が起きたときに、日本はその日のうちに世界に先駆けて百四十五人の国際消防救援隊を差し向けてくれました。各国の救助隊のなかでも最大の規模でした。その後も、小池百合子衆議院議員が窓口となって阪神・淡路大震災に使われた仮設住宅一千戸を送ってくれました。義捐金も世界中でいちばん多かった。さすがは日本人だと台湾人は感動しました。

あのとき日本から受けた恩義と友情を、私ばかりか台湾人民は忘れたことがありません。台湾人は友情を最も大切にします。

曽野綾子さんが当時会長を務めておられた日本財団からは、三億円の義捐金のお申し出がありました。しかし、当時、台湾政府にはかなりの義捐金が集まっており、もっと有効に利用したいと考えた私は、民間の救助隊であるＮＧＯ組織の「中華民国国際捜救総隊」の設備やハイテク機器にそのうちの一億円を充ててそろえたのです。

私は曽野さんに「この救助隊は日本に何かあったときは真っ先に駆けつけます」と約束しました。その約束を果たすときがきたのです。

ところが、残念なことに、時の民主党政府関係者から意外な抵抗に遭いました。

大震災が起きた翌十二日の早朝、私は娘婿の頼国洲《らいこくしゅう》に頼み、救助隊をどの被災地に行かせるべきか、日本側の窓口である財団法人交流協会台北事務所と交渉させようとしました。交流協会とは、台湾における日本大使館にあたります。ところが土曜日だというので、まったく連絡がとれない。

別ルートで、私の日本人秘書が、台中市の台中日本人学校の卒業式に出席していた交流協会の総務部長とようやくコンタクトがとれました。彼は電話でこう言いました。

「今井(正)大使に伝えます。一時間待ってください。」

しばらくして、連絡が入りましたが、その答えは次のようなものでした。

「まだ日本では救助隊の受け入れ態勢が整っていません。救助隊の人数などを知りたいので、責任者の連絡先を教えてください。」

ところが、総務部長から再び連絡があったのは、さらに一日たった日曜日、十三日の昼でした。

「日本の自治体のほうで手の施しようがなく、どのようにすればいいのかわかりません。救助隊の要請はもっと先になるとのことです。したがって捜救総隊には連絡をしておりません。」

ご承知のように、自然災害では七十二時間経過すると生存率が急激に低下します。一刻の猶予もならない。しかも、その日には米軍と韓国の救援隊が到着し、中国も派遣を表明しているのです。にもかかわらず、なぜ台湾には要請がないのか。

われわれは日本政府の対応を待たず、十三日の朝八時には、医師二人を含む総勢三十五人が成田空港に向けて出発しました。総務部長から「要請はもっと先になる」と返事があったときには、すでに成田に到着していたのです。

捜救総隊の隊員や機材を運んでくれたのはエバー航空(長栄航空)。そもそも救助隊のチケットを予約していたチャイナエアライン(中華航空)は「台湾外交部が同意していない」と発券を拒否。困りはてた救助隊がエバー航空に打診すると、数百キロの救助機器も含め、隊員全員を無償で日本まで運んでくれたのです。日本で受け入れてくれたのは山梨県のNPO法人、災害危機管理システムEARTHでした。

このときの日本政府は中国の顔色をうかがっていたとしか思えません。もしも被災された方々がこのことを聞いたらどう思われるでしょうか。救助を待ち焦がれているのは、国の利害関係や政治イデオロギーとは関係のない被災者なのです。

中国政府の救助隊が十四日に日本に到着し、宮城県で救助活動を行ったことは報じられましたが、それよりも一日早く到着した捜救総隊の活動についてはあまり報じられませんでした。岩手県大船渡市を中心に救助活動を行ったのですが、あえて広報活動をしなかったのだから、やむを得ません。

さらに日本政府は、各国の支援に対する感謝広告から台湾の名を外しました。これも台湾の呼びかけを無視したのと同様の政治的謀略です。

中国に媚《こ》びるために台湾国民の善意を踏みにじり、台湾救助隊の到着を遅らせた。そのせいでどれだけの人命が失われたかわかりません。民主党政府の判断は慈悲ある人間の行為とは思えません。民主党政府は、人命より体裁を優先したのです。

緊急時の軍隊の役割

震災直後、菅(直人)総理は自衛隊のヘリコプターに乗って、首相官邸から仙台附近まで視察しました。その間、東京電力福島第一原子力発電所には降りましたが、多くの犠牲者を出し、救援を求めている人々が待つ被災地には降り立たずに、福島県と宮城県の沿岸部を上空から視察しただけで官邸にUターンしています。

上空からただ被災地を眺めるだけのその姿には、災害に立ち向かう強い意志が感じられませんでした。失礼ながら、これではリーダー失格と言わざるを得ない。なぜ菅総理は被災地に降り立って被災者を慰め、その要求を直に聞こうとしなかったのでしょう。

さらに二十一日には、予定していた被災地の視察を、悪天候を理由に中止しました。これには被災者だけでなく、与党内部からも批判があったそうです。

国のリーダーは、国民を第一に考えるべきだと私は思っています。こういう危機にこそ、リーダーシップを発揮して、自衛隊の幕僚長と官房長官を従え、ヘリコプターから降りて、リーダー自身が自分の足で現地を歩かねばならない。実際に被災現場へ行くことなしに有効な対策を講ずることはできません。

スタッフを引き連れて被災地を一つ一つ見て回り、どこに問題があるのか、リーダーはそれを的確に把握すべきです。村から村、町から町を歩いて、不幸な目に遭っている被災者一人一人を慰め、彼らがいま必要としているものをすぐさま用意し、困難を即座に解決するくらいの気持ちと判断力が必要です。

復興策については、現行の法律では解決できないこともあるでしょう。そういったものについても、すぐに指示を出し、特別法令、もしくは緊急法令で処理していかなければなりません。そうでなければ被災地の人々はますます苦しい生活を強いられることになります。

ただ、村山（富市）政権時と違って、自衛隊の出動が迅速《じんそく》だったことは評価できます。当初、五万人体制だったのを、地震発生から二日後には十万人体制に増強したのも適切な対応でした。

一九九五年に発生した阪神・淡路大震災では、当時の村山総理は丸二日も現地を視察せず、初期救助活動において各国からの救助を断り、憲法違反だとして自衛隊の出動を見送りました。村山総理や現地の首長たちは、国民の命より自分たちの政治的信条のほうが大切だったのでしょうか。

災害時に最も必要なのは軍隊です。軍隊なしに災害復興はできません。被災者の救出や瓦礫の撤去、通信手段の確保、治安維持、道路整備、必要なら橋の架設なども速やかに行わなければならない。地方自治体や民間のボランティアでは手に余る部分が多すぎるのです。

日本においてそれを組織的に実行できる能力を持つのは、工兵部隊があり、機材や装備が充実し、通信や命令系統が確立されている自衛隊以外にありません。

諸外国では、大災害には必ず軍隊が出動します。台湾大地震でも、国軍がその任務を遂行しました。

マグニチュード七・三という台湾の歴史上最大規模の大地震が起きたのは一九九九年九月二十一日の午前一時四十七分のことでした。

私は即座に軍隊の出動命令を出し、重要な各郷鎮《ごうちん》（町・村）に救援作業のための指揮所を置くように指示しました。午前六時ごろには、どの部隊がどのような仕事をするのかという役割分担ができていた。

地震直後、首都台北を含めて、台湾北部一帯は停電しました。台湾に三カ所ある原子力発電所が地震によって予定どおりに緊急停止し、震源地近くにあった送電所が機能しなくなったことは、あとで知りました。

しかし、まもなく参謀総長から震源地の南投県（台湾中部）に最も近い軍司令部が前進指揮所を確保したという連絡を特別電話で受けました。十三分後の午前二時には、行政院（内閣）内に対策本部が設置され、人命救助の優先や、電力供給の確保など九項目の対応策を決めています。

台湾には、このような震災が起きた場合の対応マニュアルがあります。それに従って軍隊は救助活動のために行動し、関係部署が南部の発電所から北部に電力を供給するためのバイパスを構築しました。このように対策本部が機能しているから、総統の私は夜明けを待って台北からヘリで震源地に急行することができたのです。

最優先させたのが死傷者の収容・救助、次いで被災者の収容でした。医療機関との協力はもちろんですが、軍に対しても全力を投入して被災者の救助、および交通、電気、通信の復旧にあたるよう要請しました。

軍人には二つの仕事があります。一つは戦争、敵と戦うこと。もう一つは戦場の整理です。戦場の整理もできない軍隊は戦争もできない。われわれも昔、そういう訓練を受けました。実際に、私は昭和二十(一九四五)年三月十日、東京大空襲の翌朝、千葉の習志野《ならしの》高射砲連隊から救援のために東京に駆けつけ、「戦場整理」の仕事に従事した経験があります。軍隊に被災地の戦場整理をやらせれば最大の効果があがるのです。ふだんは事務机にすわり、被災場面を見たこともないような公務員に担当させても、彼らを困らせるだけです。

私はあのときの救援作業に対するわが兵士たちの努力を高く評価しています。かりに大地震を戦争とみなせば、わが軍の活躍は一戦の勝利に値したと言えるでしょう。

リーダーは現場を見よ

台湾大地震が起こった日、被災地から台北に戻った夜に小池百合子議員から、「仮設住宅を一五〇〇戸送りたい。ただし広さは一戸八坪しかない」という電話がかかってきました。

ありがたくいただくことにしましたが、台湾の仮設住宅は一戸あたり十二坪が標準なので、見劣りがする。そこで、日本の仮設住宅に優先してテレビや冷蔵庫を置き、洗濯機を二戸共同で使えるように外に設置して、家の中には額を飾りました。周辺には駐車場や医療施設、児童公園、老人ホーム、それにスーパーマーケットまでつくった。これは軍の工兵隊が六日間で完成させました。

こうした災害救援活動は、現場の状況を的確に把握して対策を講じていかなければなりません。私は地震発生後三十日間のうち二十一日間は現地にいて、直接対策を指示しました。

現場に身を置き、自分自身の目で状況を把握し、「被災地にどのような支援が必要か」「救援活動のどの点を強化すべきか」を考え、国軍の動員については彼らの参謀総長から直接命令を出させ、行政上の問題は総統府の秘書長(官房長官)に処理させました。危機にあたっては、そういう現場主義こそが指導者には必要だと考えたからです。

これは台湾に限らず、日本でも、どの国でも同じだと思いますが、中央政府と地方政府が必ずしも円滑に連携できるとは限りません。中央が命令しても地方が適切に動かなかったり、地方が必要とすることに対して中央が迅速に対処できなかったりすることもあります。

救援活動が一段落すると、仕事の問題が出てきます。家の損壊をまぬがれた人や、家がある程度片づいた人には仕事が必要になる。被災地は農村地帯が多かったのですが、ちょうど農閑期だったからです。そこで、道路の掃除や復旧作業に従事させることにして、賃金は一日一千台湾元と決めました。

ところが、問題は官僚です。中央政府の労働局は、工会《ゴンホイ》（労働組合）の組合証を持たなければ仕事を与えないと言い出した。農村地帯に労働組合などあるものか。私は怒ってそのやり方を改めさせました。ところが今度は、それが現地になかなか伝わらない。

現地へ行ってみると、誰も仕事をしていない村がありました。村長は、「ここには労働組合がない。組合の会員でないと仕事をさせてもらえない」と訴える。「そんなはずはない」と、中央から派遣されている人間に聞いてみたら、「組合証がなければ仕事を与えられない」と言う。まったく話が通っていない。私はすぐに台北へ電話をかけて、命令を徹底させました。そういうことがいくらでもあるのです。

また、地震への対応策として中央政府が二千億ドルを拠出すると決めましたが、そのお金が地方に届くまでに一、二カ月はかかる。その間、県政府は郷鎮に対して何もできないことになる。そういう問題も処理しないと仕事が進みません。

指導者が中央に居座り、官僚から上がってくる報告や意見だけで判断していてはいけません。現場で生の情報に接し、迅速に判断することが求められるのです。

にもかかわらず、東日本大震災発生時の菅首相は原子力発電所以外の被災地には降り立たず、被災した現場を自ら見ようとはしませんでした。しかも、幕僚長も官房長官も同行させていない。あのとき、枝野（幸男）官房長官は官邸の広報マンとしてマスコミ対応に追われていました。官房長官は行政上の処理を優先すべきで、広報担当者は別に立てればよかったのではないでしょうか。

こういうときにこそ、ビジョンを示す指導者が求められるのです。

指導者は「知らない」と言ってはならない

そうは言っても、指導者であることは容易ではありません。

第二次大戦を舞台にしたアメリカ映画『U-571』で、老士官が「指導者として艦長は絶対に『私は知らない』と言ってはならない。それによって艦艇の全員を死なせる結果になるからだ。指導者は必ず答えをもって問題に接していかねばならない」と語る場面があります。非常に含蓄のある台詞です。指導者に求められる能力、負うべき責任の重さは想像を絶するものがあります。

また、反対勢力や世間から攻撃されるのが指導者の宿命です。私が総統時代に起こった台湾大地震のときには、マスコミが民衆を誤った方向に導くような報道をしました。震災にかこつけて政府批判の記事を書いた新聞もひどいものでしたが、とくにテレビの報道は目に余るものがありました。

あるテレビ局は、被災地から討論形式の番組を実況中継して、「政府は無策である」と報道しました。私は被災した二十一の郷鎮(町・村)の首長、被災建造物の管理委員会の人、テレビ局や新聞の記者たちを集めて、再建と救援活動の進捗状況を説明するとともに、住民の権益にかかわる正しい情報を伝えるため、『青年日報速報』を発行し、各震災救援指揮センターを通して広く配布するように指示しました。

この新聞は後に『重建(再建)速報』と改称し、政府の命令、政策、活動などを詳しく掲載して被災者の混乱や困惑を軽減するのに効果を上げました。事実誤認どころか、いわれなき非難や誹謗中傷が指導者に浴びせられることは少なくありません。

こうしたことを含め、指導者はつらい思いをしばしば強いられます。他の人よりも多くのプレッシャーのなかで孤独に耐えねばなりません。

自分の人生を振り返ると、厳しい環境に置かれたときでも自らの意志を貫いた力の源は信仰だったと思います。総統在任中の原動力も、もちろん信仰でした。ですから、指導者の条件を問われると、私は「絶対に不可欠なもの」として真っ先に「信仰」を挙げます。信仰こそ指導者の第一条件とさえ考えています。

「生きるために」――日本の大学生からの手紙

この場を借りて、大震災直後の日本で、真摯に生きていこうと決意した若者から送られた手紙をご紹介したいと思います。

この手紙には、人は生きるためにどうしたらよいのか、被災地の方々をはじめとする日本の方々すべてが、いま何をすべきかがはっきりと表現されています。お名前等はあえて伏せることにします。

李登輝先生

拝啓、日本も春寒が次第にゆるみ、だいぶ暖かくなってまいりました。李登輝先生におかれましても、ますますご清祥のこととお慶び申し上げます。

三月上旬に台湾研修旅行でご訪問させていただきました○○大学の○○と申します。その折は私たち学生のために、二時間を超える時間を使って講義をしていただきましてありがとうございました。

台湾の民主化を進め、今日の台湾の礎をつくられた李登輝先生の信念や国家観などを教えていただけたことは、ほんとうに貴重な経験であり、大きな糧になりました。

日本は、私が帰国してから一週間も経たないうちに、歴史に残るほどの大地震に見舞われました。テレビを通して津波に民家が呑み込まれていく様子を見ていると、とてもこの世の物とは思えず、思わず涙してしまうほどのものであります。

ですが、地震からしばらく経って、やっと物資が各地に届きはじめ、徐々に復興が進んでいる地域もあると聞いております。私も東京でボランティア活動などに従事し、少しでも被災地のお役に立てればと強く考えております。

ここ数日、学友と、日本はこの先どうなっていくのだろうという話をよくします。これは私たちの話の内容だけに留まらず、多くの日本人が抱いている不安だと思っております。ですが、十年も経てば私たちがこの社会を支えていかなければならないことを考えると、当事者意識と覚悟、そして意志を持って大学で勉強に励み、真剣にこの国の未来について考えていかなければならないのだろうということを感じます。

李登輝先生がおっしゃっていたように、多くの人の死に直面している今だからこそ、「死ぬ」ということと「生きる」ということにかんして真剣に考え、自分が生きているうちに自分がやれることはやっていかなければならないという強い意志を持たなければならないのだと実感しております。李登輝先生に直接講義をしていただいた経験や今回の大震災の経験などをしっかりと受け止め、今後、より一層がんばっていきたいと思っております。李登輝先生を訪問させていただいたこの度の経験は、私に大きな刺激と目指すべき人間像を与えてくれました。本当にありがとうございました。

こういった大震災後の暗い雰囲気の中においても、先日明るいニュースを目にしました。一つは李登輝先生の日本への励ましのメッセージに関するニュースです。もう一つは、台湾が日本で被災し、家を失った子供を受け入れるために、ホームステイの準備をしてくれているというニュースです。これらのニュースを見て、やはり台湾と日本との関係は普通の国と国同士の関係を超えた絆があると感じました。
今後は私も積極的に台湾と日本との民間交流、心の外交の一端を担っていきたいと強く感じました。ありがとうございました。李登輝先生もどうぞお体をご自愛ください。
敬具
二〇一一(平成二十三)年三月二十九日　○○より
東日本大震災は日本に未曾有の被害を及ぼしました。大自然の猛威に畏敬の念を抱いたとしても、決して運命とあきらめてはいけません。何としても新しい日本を再建する勇気と覚悟が必要です。そのためにも次世代の強いリーダーが求められますが、こうした若者がいる限り、日本の将来は明るいと言えるでしょう。一刻も早い復興をお祈りします。

孤独を支える信仰

台北郊外の淡水の近くにある観音山には、学生時代からよく登りました。総統在任中にも、妻、息子の嫁、孫娘と一緒に登ったことがあります。苦労してようやく山頂に着くと、そこは大変に狭い場所で、四方に険しい崖が切り立っています。じっとしていても実に危なっかしく、恐怖でゾッとしました。

こうした危険な場所では、誰ひとり助けてくれる人はいません。自分以外に頼れるものはないのです。そのとき私は、総統という権力の最高峰に立つということは、まさに観音山の頂上に立っているようなものだと実感しました。

最高指導者は孤独に耐える力がなければなりません。しかし人間は弱いものですから、それこそ足がすくんで谷底に落ちるような気持ちに駆《か》られることもしばしばです。そんなときに気力や勇気を与えてくれるのが信仰なのです。

自分を超えた高みに神が存在していて助けてくれる。そのような信仰が、一国の運命を左右する孤独な戦いに臨む指導者を支えてくれる大きな力となるのです。

私が総統であった十二年間は、毎日が闘争でした。国内では古い支配階級と闘わなければならず、対外的には中国との問題もありました。

そうした困難な事態に直面したとき、私は必ず『聖書』を手にしました。まず神に祈り、それから『聖書』を適当に開いて、指差したところを読み、自分なりに解釈してそこから神の教えを引き出そうとしたのです。たとえば、こんなことがありました。

一九八八年に蔣経国総統が亡くなり、副総統だった私が総統に昇格しました。その任期が終わった九〇年に、総統と国民党主席を私が続投するかどうかという問題をめぐって、国民党内部で凄絶な争いが起こったのです。もともと政治的野心を持たなかった私は、政治闘争というものがこれほど激しいものだとは思わず、争いの渦中で困惑するばかりでした。

そこで私は『聖書』を開きました。そのページは「イザヤ書」第三七章三五節で、そこにはこう記されていたのです。

〈私は自分のため、また、私の僕《しもべ》ダビデのためにこの町を守って、これを救おう。〉

これを読んで、私の心は定まりました。「これが神の思し召しならば、どんなに苦しくても、台湾と次の世代のために働こう」と。

つらかったのは私だけではありません。ある日、家へ帰ると妻が泣いていました。新聞や党の長老たちがあまりにひどい言い方で私を攻撃するので、妻も心を痛め、「総統になるのはやめてください」と訴えるのです。

しかし、与えられた使命を途中で放り出すわけにはいきません。そこで、妻とともに一所懸命に祈ったあとで『聖書』を適当に開いて、二人で読みました。そうして、「神様はこうおっしゃっている。そのとおりにしよう」と話し合い、心を安らげることができたのです。

もちろん、どのような神を信仰するかは人それぞれです。私はクリスチャンですから、つねに主イエスとともにあるのですが、キリスト教であろうと仏教であろうとかまいません。あるいは『武士道』のような道徳的規範でもいい。信仰を持って初めて、強い信念を抱けるのです。その意味では、信仰はフィロソフィー(哲学)と言い換えてもいいかもしれません。

信仰なり、フィロソフィーなり、政治を超えたところにある「何か」を自分のうちに持たずに政治を行うと、使命感が稀薄になり、実行するエネルギーも弱くなる。昨今の指導者にはそういう傾向が見られるような気がします。

日本でも、最近は国民や国家の目標をどこに置くかについてきちんとした考えを持った指導者がいませんでした。しかし、安倍総理は違います。彼には彼なりの信仰があるように私には思えるのです。

「公義」に殉ずる

指導者に求められるもう一つの大きな条件に「公義」があります。「公義」とは公の義、すなわちジャスティス(正義)のことです。

『旧約聖書』に、ミカというモレシテ人の預言者が出てくる物語「ミカ書」があります。ミカはもともと農民でしたが、当時、二千七百年前のユダヤ人社会では農民階級は搾取階級に虐げられていました。すなわち、社会正義が達成されていなかった。そこでミカが預言者となって「公義」を説き始めました。それが現代にも立派に通用する普遍的な真理を記した「ミカ書」です。

「ミカ書」の第二章一節から三節に以下のようなくだりがあります。

〈その床にありて不義を図り悪事を企てる者どもには禍《わざわい》あるべし。彼らはその手に力あるが故に、夜明けにおよべばこれを行う。彼らは田畑を貪《むさぼ》りてこれを奪い、家を貪りてこれを取り、また人を虐《しいた》げてその家を掠《かす》め、人を虐げてその産業を掠む。この故にエホバかく言い給う。見よ、我この輩に向かいて災禍を降《くだ》さんと謀る。汝らはそのうなじをこれより脱すること能わじ。また首をあげて歩くこと能わざるべし。その時は災禍の時なればなり。〉

「ミカ書」は言ってみれば「人間、いかに生きるべきか」という根源的な問題を説き示したものです。ノーベル平和賞受賞者で、牧師でもあるジミー・カーター元米国大統領も、大統領就任演説をはじめ、ことあるごとに「ミカ書」を引用し、「大統領としての私に課せられた義務は、この『ソーシャル・ジャスティス』を貫徹すること以外にはない」と語っていました。

大統領でなくなったいまも、カーター氏は世界の「公義」のために日夜奔走されています。「人の上に立つ」とはそういうことであって、「公義」に殉ずる心構えや気概があってこそ、真のリーダーシップを発揮し得るのです。

公義については、キリスト教だけでなく、ユダヤ教やイスラム教、仏教、儒教など、あらゆる宗教や哲学で語られています。時代によって言い方はさまざまで、解釈にも多様性が見られますが、社会的正義を求めるという点ではまったく変わるところがありません。まさに永遠の真理です。

ところがいま世界の指導者たちを見渡してみると、公義に対する正常な感覚を失った人が増えているような気がしてなりません。これは非常に残念なことです。

一九八八年に初めて「総統」という台湾の最高権力者の座に就《つ》いたときから、私は一度として権力に執着したことはありません。頭にあったのはただ「国のため」「国民のため」ということだけでした。私より力のあるリーダーが出てくればいつでも総統の座を譲ろうと思っていました。

だからこそ二〇〇〇年三月十八日の総選挙で与党である国民党が負け、民進党の陳水扁氏が当選したときも、八十歳に手が届きそうだった私に代わって四十代の若い指導者が現れたことを、台湾の将来のために喜んだ。だから、政権移譲後も、私のほうから進んで新政権に協力したのです。

公義とはそのようなものでなければならないと私は信じています。

「公」と「私」を明確に区別する

権力を持つ指導者は「公私の別」をはっきりさせることも肝に銘じておくべきです。

まず、部下については私情に流されず、明快に処理しなくてはならない。

私にはこんな経験があります。総統になるまでに、私は台北市長、台湾省主席、副総統を歴任しましたが、その間、ずっと補佐してくれた秘書がいました。

彼はあらゆる面に優れ、筆も立ち、大変役に立つ人物でした。しかし、総統になった後、私は彼を辞めさせました。国家にかかわる問題を起こしたからです。彼に対する情はもちろんありましたが、それに流されるわけにはいかなかった。

また、民主国家の政治家にとって、選挙はきわめて重要なものです。選挙で支持してくれた人には当選した後に報いたいと思うのは当然でしょう。同時に、次の選挙のことを考えれば、支持をつなぎとめるためにも何かしら便宜を図っておきたいと考えるのも無理からぬことです。

しかし、そこには限度というものがある。感謝の念は表すにしても、選挙は選挙、国政は国政であり、まったく別ものと割り切るべきです。選挙が終わったら、支援者との私的な関係はきっぱり断つことが大切です。

それから、これは台湾のみならず、とくに中国や韓国など、アジア世界でしばしば見られることですが、身内への利益供与という問題があります。偉くなった人物が親戚縁者に職を与え、引き立てる。これを私は「エイジアン・バリュー（アジア的価値観）」と呼んでいます。

政治・社会の体質に肯定的な支配体制の色が濃いと、権力を握った者が独裁的になり、家族や自分個人を中心とした考え方で公の権力を私物化し、国家全体のことを忘れてしまう。これが国民の目にどう映るかは言うまでもないでしょう。

総統在任中、私は家族、親族はもとより、父の友人にさえあまり会わないように心がけていました。父は県会議員を務めたこともあり、地元の人々と親密な関係を持っていました。そのため、私が総統になると、多くの人が父を通じて、人事や公共投資などのとりなしを頼んできたのです。

ある晩、私は父にこう伝えました。

「お父さんが議員であったあいだ、たくさんの人に助けられたことはわかっています。しかし、彼らの頼みごとを聞くつもりはありません。ですから、人を紹介しないでください。」

以来、父から何かを頼まれるようなことは一度もありませんでした。

父が亡くなる前、私は「あの晩から一度も人を紹介しないでくれて、本当にありがとう。おかげで心おきなく職務に邁進《まいしん》することができました」と心から感謝しました。

多くの人たちは、政治家になったら多少は手を汚さなければならないと考えています。自らの政策を実行するには権力や後ろ盾、そして資金が必要であり、これらを手にするためにさまざまな利権争いに巻き込まれることもある。最初は国家に忠誠を尽くすつもりでも、いずれ変わっていくはずだと。

実際、政治家の仕事とは、一方で泥水を飲みながら、一方でそれを吐きだすようなものです。いつまでも潔白でいるのはたしかに難しい。

それでも原則を曲げないよう努力しなければなりません。時には「薄情だ」と批判されるかもしれない。それでも厳正な態度で臨まなければ、理想とする政治を進めることはできません。

事実、私は多くの人から非難を浴びました。いま李登輝をいちばん憎んでいるのは、ひょっとしたら私の親戚かもしれない。十二年間も総統の座にありながら、親類縁者の誰一人として高い地位に就けたり、利権がらみの仕事を与えたりしなかったのですから。

頼みに来る人がいなかったわけではありません。たいていは直接ではなく、人を介しての依頼でしたが、私はすべて断りました。

カリスマの危うさ

指導者の権力を強化してくれるのが「カリスマ」です。カリスマ性は、指導者や政治家にとって大変重要な要素です。

カリスマ性のある指導者は、超人的かつ非日常的な存在で、大衆を魅了し、熱狂的な支持をもって迎えられます。大衆を動員するために手続きを踏み、理にかなった判断をすることなしに、危機的状況に迅速に対応できる。最も顕著な例がドイツのヒトラーでしょう。

この点においてカリスマ的指導者は、大した知恵を出さずとも、秩序ある社会を創造することができます。歴史上、多くの英雄や指導者が、こうしたカリスマ性によってさまざまな政治的問題を解決してきました。

しかし、カリスマ的な指導者は長期的な政治生命を保つことができません。カリスマの力は大衆の感情によるものであり、一種の幻想です。人の感情は変わりやすい。いつ熱が冷めるかわかりません。大衆の期待に応えられないとき、幻想は瞬く間に消え去ります。

また、大衆の幻想は、指導者のカリスマ的な力のほか、メディアにも左右されます。偶像性を失った指導者や政治家は、大衆から容易に見捨てられる。だから、あまりカリスマになってもいけないし、たとえ国民の圧倒的な支持を受けて権力を握ったとしても、いずれ国民から見放されるでしょう。

マキャベリの『君主論』には、「民衆を基盤とする人は、政治の基礎を砂の上に築くように危険だ」とあります。唐の太宗の功臣、魏徴《ぎちょう》も、「君主とは舟であり、人民は水である。水は舟を浮かべるが、またこれを転覆させることもできる」と述べています。

これらの言葉は、王朝であれ帝国であれ、また共和国であれ民主国家であれ、すべてにあてはまります。指導者は国家と国民に対して忠誠心を持ち、あらゆる面で謙虚でなければばなりません。

指導者は権謀術数《けんぼうじゅつすう》を用いて政府の役人を統制したり、国民をコントロールしようとしてはならないし、メディアを利用してカリスマ的な力を得て人気を高めようと考えたりするべきではありません。国民のことを真剣に考えて一つずつ着実に行動することが必要です。

では、権力を行使するとき、指導者はどのように考えるべきでしょうか。

「天下為公(天下は公のため)」が私の信念です。

政治家であれば、公とは「国家」のことであり、「天下は公のため」とは、「政治家は私心があってはならない」ということです。

これをさらに突き詰めれば、「私心がない」、つまり「何かをするとき『私』を除いてものを考える」ということになります。

一つのことを決断する際、「私がいない場合、私以外の人たちが最もよい方法を採用するとすれば、どうなるだろうか」と考えるのです。そうすれば、まず「冷静さを取り戻す」ことができ、本当に国民のためを思い、尽くすことが可能になるのです。

劉銘伝と後藤新平

指導者について考えるにあたって、台湾近代化の歴史で象徴的な事例があります。劉銘《りゅうめい》伝《でん》と後藤新平という二人の人物の事績です。

台湾が清国の統治下にあったころ、劉銘伝は巡撫《じゅんぶ》(知事)として台湾に赴任しました。彼は清国の最高実力者であり洋務運動(西洋文明化)の推進者であった李鴻章の部下で、砲兵部隊の指揮官でもありました。したがって、西洋の科学と文化にある程度の理解を持っており、台湾で清賦(土地改革)、鉄道・電信・炭鉱の開発、軍事基地の設置という事業に着手します。後に後藤新平が行った台湾開発計画と同じような政策を行ったのです。

しかし、外国語学校をつくり、基隆から新竹まで鉄道を敷き、各地に軍事基地を建設したものの、台湾北部の炭鉱事業が問題になり、汚職などの理由で北京に呼び戻されてしまいました。結局、責任者の地位にあった六年間に、さしたる成果を上げることなく帰国したのです。

劉銘伝が失敗した原因は、第一に開発の初期条件の整備について配慮しなかったこと、第二に開発資金の動員に無頓着であったこと。そして、これが最も大事な点ですが、第三に開発目的をはっきり定めていなかったことです。

一方、後藤新平は劉銘伝の計画を上回る規模の政策を行って、成功に導きました。

第四代台湾総督の児玉源太郎中将に請われて民政長官の座に就いた後藤は、一八九八年に台湾に赴任してから一九〇六年までの八年七カ月のあいだ、実務のリーダーとして台湾開発事業に邁進し、台湾に大きな足跡を残しました。

台湾開発の目標をどこに置くか、いかなる開発戦略をもって目標を達成するかが後藤の最大の課題でした。当時の日本は国家が強いリーダーシップを発揮して指導するスタイルをとっていました。後藤による台湾開発もまた、明治政府の方式を踏襲した台湾総督府による強いリーダーシップに基づくものでした。

後藤が赴任した当時の台湾は、住民は文化、宗教の異なる漢民族と原住民からなり、匪賊が横行して治安が悪く、アヘン吸飲者も少なからずいました。コレラ、ペスト、チフス、赤痢《せきり》、マラリアなどの伝染病が蔓延《まんえん》し、毒蛇が跋扈《ばっこ》する瘴癘《しょうれい》の地でした。

産業にも見るべきものがなく、司法、行政、経済、いずれの面でも近代社会から取り残された未開発の地域だったのです。

こうした最悪の初期条件下で、後藤はいかなる政策を行ったのでしょうか。

台湾で最も愛された日本人

最初に後藤が断行したのは、人事の刷新と人材の登用でした。民政官として台湾総督府に赴任直後に厳しい人事の整理を行いました。台湾でひと稼ぎしようとしか考えていなかった高等官以下一〇八〇名の官吏全員を内地に送り返し、代わって優秀な人材を幅広く採用して各分野に配置しました。

そのなかには後に『武士道』を著す新渡戸稲造、祝辰巳《いわいたつみ》（後藤の次の民政長官）、中村是公《よしこと》（後の鉄道院総裁）、賀来佐賀太郎《かくさがたろう》（後の台湾総督府総務長官）、関谷貞三郎《ていざぶろう》（後の宮内次官）、宮尾舜治《しゅんじ》（後の貴族院議員）、長尾半平《はんぺい》（後の衆議院議員）等々、錚々《そうそう》たる人物が名を連ねていました。まず、仕事を進める環境を整備したのです。

次に行ったのは土匪《どひ》の撲滅でした。後藤の断固たる「土匪投降策」によって、全島の治安は一九〇二年を境に劇的に改善されました。

三番目は保甲《ほこう》制度の採用です。保甲制度とは、十戸をもって「甲」とし、十甲で「保」とするもので、甲には「甲長」、保には「保正」という責任者を置く、いわば住民による一種の自治制度でした。

後藤は保甲条例を発布して、戸口（戸籍）の整備、住民出入の検査、公共衛生に対する責任、交通安全の責任などを住民に委ねました。保甲壮丁団《そうていだん》を組織させて巡査の指揮の下で治安維持にあたらせ、また道路工事なども行わせました。

第四の施策は疫病の根絶です。総督府に衛生課を新設し、赤痢、コレラ、チフス、マラリアなどの血清や毒蛇の解毒法の研究に大きな成果を上げました。加えて、地方では公医制度を設けるなどして医療行政を進めました。並行して上下水道を整備し、都市の市区改正を進め、衛生環境のインフラを整えました。

教育にも力を入れ、台湾人のために公学校を建て、初等教育の普及に努めました。

台湾総督府が置かれたのは一八九五（明治二十八）年四月のことですが、その年の七月には、芝山巖《しざんがん》（現芝山岩）という山にある廟《びょう》のなかに早くも国語学校が設けられ、日本語の教育が始まっています。

植民地統治を教育から始めたというのは、世界に類を見ないことです。これにより、台湾人は儒家や科挙の束縛から抜け出して、世界の知識や思潮を知るようになり、近代的な国民意識を養成することになりました。

一九二二（大正十一）年には旧制高校の一つである台北高等学校が開校し、二八年には台北帝国大学が創設されて、台湾人は大学に入る機会を得ました。台北帝国大学は私の母校でもある現在の国立台湾大学の前身です。この台北帝国大学に入学する者もあれば、日本内地へ行って日本の大学に進学する人もいました。

ちなみに、一八九六年、この芝山巖の国語学校が抗日ゲリラに襲撃され、日本人教師六名と用務員一名が惨殺されるという事件が起きました。これをきっかけにして、「命を賭けて教育にあたる」という意味の「芝山巖精神」という言葉が生まれています。

そして、台湾事業公債を発行することによって財源をつくった。おかげで土地調査と土地改革も実施でき、基隆・高雄間の縦貫鉄道の建設、基隆港の築港も可能になりました。

縦貫鉄道が開通して南北の距離は著しく短縮され、嘉南大圳《かなんたいしゅう》（ダムと灌漑用水路）と日月潭《にちげつたん》水力発電所の完成は農業の生産力を飛躍的に高め、台湾は工業化に向けて大きな一歩を踏み出しました。

嘉南大圳を設計し、完成させた八田與一《はったよいち》技師は、日本ではあまり知られていませんが、台湾で最も愛されている日本人です。彼が造った地下水路は、給水路一万キロ、排水路六千キロ、防水堤防二百キロ。すべてを合計すると、何と万里の長城より長いのです。

嘉南大圳が完成したときには、世界の土木界から驚嘆と称賛の声が湧き上がりました。台湾では六十万の農民から「嘉南大圳の父」として畏敬され、銅像と夫妻の墓が建てられ、命日には慰霊祭が行われているほどです。

現在でも、彼の造った烏山頭《うさんとう》ダムは「八田ダム」とも呼ばれ、台湾の人々はその功績を称え、八田を慕っています。

後藤は、三大専売法も制定しました。総督府に専売局を置き、アヘン・樟脳《しょうのう》・食塩・酒・タバコを専売制にし、専売資金は台湾事業公債の償還にあてられ、台湾開発の資金にあてています。

それに附随して、外国資本に対抗し、台湾産業発展の一元化を促す目的から、一八九九年に台湾銀行を設立。台湾銀行券を独自に発行しました。

後藤は、新領土である台湾の経済は、台湾自身が中心とならなければならないという強い意志を持っていました。当時、中国大陸における経済の拠点だった福建省の廈門《アモイ》は、台湾経済の中心でもあり、香港、南洋方面への商略拠点でした。

そこで後藤は、新設された台湾銀行の最大の支店を廈門に置き、台湾を日本の南進政策の拠点に変えようとしました。

また、商業の島内流通を促進するために新たな度量衡《どりょうこう》制度を設け、度量衡器具の独占的製造を始めたことも意義深いものがありました。

これらの基本的インフラを整備すると、後藤はいよいよ産業開発に積極的に乗り出します。開発の中心は砂糖・樟脳・塩・茶・米の増産と阿里山《ありさん》森林の開発であり、これらによって台湾の経済発展は正しい軌道に乗ることになりました。

以上の諸事業を始めるにあたり、古来の土着民や漢民族の文化、習慣について大規模な調査も行っています。台湾人の慣習を重んじ、司法・行政を台湾的なものにするためであり、そこに後藤の指導者としての根本理念が息づいています。

住民の決してほめられない生活習慣、とくに清朝から持ち込まれた辮髪《べんぱつ》と纏足《てんそく》などは時機を見て禁止することにしました。

「台湾旧慣習調査会」の開設、国勢調査の実施、また総督府に中央研究所を設置して化学部と衛生部をつくり、台湾独自の動植物の研究をさせたことなどは、実に画期的でした。

さらに、台湾の貿易は依然として外国資本に掌握されたままで、海運は外国会社に独占されていたのですが、この状況を打破するために、日本と台湾間を就航していた大阪商船を台湾と中国大陸間の運輸にあて、貿易商権の台湾取得への一助としています。

権力にとらわれないリーダーシップ

後藤新平の強力なリーダーシップによって行われた台湾開発は、八年七カ月という短期間で完成したとは思えないほど、スケールの大きなものでした。

遺稿とも言うべき『三十年の回顧』で、後藤は次のように自讃しています。

「固《もと》より気候中温ならず、四時瘴癘《しょうれい》の苦を受けて、しかも民には化の及ばない蕃界《ばんかい》もあった台湾が、一たび帝国の領土となるや、物心一如の神ながらの道を施された為に、僅《わず》か三十年余りの間に、面目一新して今日の美しい饒《ゆた》かな、高砂の国、蓬萊《ほうらい》の島と生まれ変わったのである。滄桑《そうそう》の変ということはあるが、台湾は三千年の太古から一躍して二十世紀の文化に飛びこんだもので、マラリア、瘴気を掃《はら》い尽くして其跡なくフォルモーサの名を実にした。現在台湾の都邑《とゆう》は土木でも、教育でも、あらゆる施設において寧《むし》ろ内地のそれ等に優るものも少なくない。」

この自讃は決して誇張ではない。その後における台湾の経営・開発は、すべて後藤新平の敷いたレールの上を走ったと言っても過言ではありません。

このように言うと、「なぜ植民地支配者であった日本人をほめるのか」と不満を言う人もいます。あるいは「後藤新平は自分でも言っているように、台湾の治安をよくするために一万人以上の人間を処罰したではないか」と非難する。しかし、その数は歴代の台湾総督が行った総数です。それを後藤一人に負わせているのです。

当時の台湾人のリーダーだった辜顕栄《ごけんえい》の建言《けんげん》を容れ、後藤新平は土匪たちを処分せずに帰属させています。土匪は台湾各地で略奪を繰り返していましたが、それはそうしなければ生きていけなかったからです。

後藤は宜蘭《ぎらん》の土匪の頭《かしら》が五百人の人間を連れて帰順すると、道路建設などの事業に彼らを使いました。帰順すれば仕事を与えると約束し、略奪しなくても暮らしていけるように図ったのです。そのようにして台湾の治安は安定した。それによってさまざまな事業を推進する環境が整いました。

こうして後藤新平の業績を振り返ると、経済開発において最も重要なことは強力なリーダーシップであり、有能な指導者の存在であるとあらためて思います。

政治家には二種類の人間がいると言われます。まずは権力掌握を目的とする者、そして、仕事を目的とする者です。

権力にとらわれない政治家は堕落しません。総統時代、私は「いつでも権力を放棄すべし」と自戒していました。凡庸な人間が権力を持つと、幸福感と快楽を感じます。やりたい放題、何でもできるからです。

しかし、司馬遼太郎氏が「権力は一人一人に与えられた力ではなく、制度から敷衍された客観的な力なのだ」と述べておられるように、権力は必要なときにだけ取り出して使うものです。事に当たるには権力が不可欠ですが、いつでもそれを手放す覚悟がなくてはなりません。つまり、権力とは「借りもの」なのです。ひたすら権力にしがみつく政治家は愚かです。

後藤新平は明らかに仕事のために「権力」を使った人でした。

福澤諭吉の問題提起

後藤新平のような強いリーダーシップを持った優れた指導者を、いまこそ日本は、そして世界は必要としています。しかし、残念なことに現代にはそうしたリーダーが少なくなったような気がするのはなぜでしょうか。

福澤諭吉の『学問のすゝめ』第十五章は「事物を疑いて取捨を断ずること」という題の下に「信の世界に偽詐多く、疑いの世界に真理多し」と書き出していますが、その主旨とするところは、畢竟《ひっきょう》、文明の進歩は疑いの一事から起こる「西洋諸国の人民が今日の文明に達したるその源を尋ぬれば、疑いの一点より出でざるものなし」という点です。福澤がこの編で戒めたのは、軽信軽疑の弊ですが、軽信軽疑の反対はすなわち批判です。『学問のすゝめ』を読んで特に感じられるのは、旺盛なる福澤の批判的精神です。

いまの台湾は五里霧中の状況にあります。台湾は民主主義の世になりましたが、人民にはどこに道があるのかわからない状態にある。このようなときに必要とされるのが太陽の存在です。強い太陽に照らされて霧が薄くなったとき、人民は初めて台湾の進むべき道を見出します。これは台湾に限らず、いまの日本も、強いリーダーシップを発揮する指導者がいない状態になっているのではないでしょうか。

批判的精神の旺盛な福澤は、一方では猛烈なる筆法をもって漢儒の惑溺《わくでき》、すなわち迷って本心を疑うことを攻撃しましたが、同時に他面においては、無批判なる開化先生の西洋謳歌をいましめました。福澤は西洋実学の第一の導入鼓吹者でありましたが、しばしば日本人の信疑とともに、軽々しく皮相なる西洋心酔者を苦々しく思っていました。口を開けば西洋文明の外形を称賛して止まない愚かしさを強く嘲罵《ちょうば》しています。

福澤はまた、『文明論之概略』において、人類文明の進歩の限りなき前途を楽観すると同時に、全巻の結論において、「日本にとっての文明之要用は国の独立を守る手段たる一事にある」とし、「国の独立は目的なり、国民の文明は此《この》目的に達する術なり」と述べています。

当時、日本の独立を憂えた福澤の心事は種々の発言によってうかがわれるのです。『学問のすゝめ』の主旨も結局ここに帰すものであると思います。

明治維新は、欧米の学問や芸術が滔々《とうとう》と流れ込み、新しい日本の文化万般がその様式において変革と前進を始めた時期ですが、福澤諭吉、西田幾多郎、夏目漱石などの偉大な思想家、先駆者たちの思想的貢献を忘れてはなりません。
要するに福澤の言わんとするところは、一国の文化形成は「伝統」と「進歩」という一見相反するかのように見える二つの概念を、いかに止揚《しよう》(アウフヘーベン)すべきかということにほかなりません。

「伝統」と「文化」の重み

現代人は、物質のみを重視し、表面的な事柄にとらわれる傾向がきわめて強いように思われます。抽象的概念に向き合って精神的思考を磨く努力をしようとせず、いつも携帯電話を手放さず、テレビやインターネットから情報を得るというような生活に満足していま す。

このような生活から精神性を深めることは困難です。それでは指導者に強く求められる深い思考を育てることはできません。

指導者は、新しい時代にあっても、伝統的な価値観を絶対に捨ててはなりません。スペインの哲学者オルテガは、著書『観念と信念』のなかで、「われわれが所有している世界像の大部分は先祖から受け継いだものだが、それは人間の営みのなかで、確固たる信念の体系として作用している」と言っています。指導者に求められるのは、まさにこうした視点です。

福澤が問題提起したように、文化の形成は「伝統」と「進歩」という、一見相反する二つの概念を、いかに止揚するかにかかっています。人は昨日より今日、今日より明日をよりよく生きたいと願うものです。その意味で進歩は重要ですが、進歩を重視するあまり伝統を軽んずるような、二者択一的な生き方は愚の骨頂です。

とくに、物質面ばかりに傾き、皮相な進歩に目を奪われて、その大前提となるべき精神的な「伝統」や「文化」の重みを忘れてしまうのは大いに問題です。「伝統」という基盤があればこそ、その上に素晴らしい「進歩」が積み上げられる。伝統なくして真の進歩などあり得ません。

一九四六年、私が台湾に戻るため日本を離れたころから、日本の諸制度や進み行く方向は大きく変わりました。そのような変化が大きな進歩をもたらし、世界に冠たる経済大国という今日の地位を築き上げる一つの原動力になったのかもしれません。

しかし、そのために国家や国民にとって最も大切な伝統を捨て去ってしまえば、言葉本来の意味における進歩はもはやあり得ない。

有史以来、日本の文化は歴史的な変化の荒波のなかで驚異的な進歩を遂げ続けてきました。一度も奔流に呑み込まれることなく、建国以来の伝統を残しつつも新しい文化を取り入れ、日本独自の文化を築き上げました。

外来の文化を巧みに取り入れながら、より便利で受け入れやすいものにつくり変えていく、そのような稀有な力と精神が、古来、日本人には備わっています。このような新しい文化のつくり方は、一国の成長、発展という未来に向かうにあたって非常に重要であり、大切に継承していくべきものです。

「日本が変わる」「国の制度が変わる」といっても、その国に生まれ育ち、根付いてきた醇風美俗《じゅんぷうびぞく》や文化、すなわち何ものにも代え難い「伝統」は、簡単に消し去ってよいものではありません。

ところが、戦後社会の混乱のなか、日本人は世界的にも優れた精神的な価値観をないがしろにし、「高度経済成長」のかけ声のもと、物質主義で拝金主義的な価値観を追い求めてきました。

かつての日本には「武士は食わねど高楊枝《たかようじ》」という言葉がありました。高級官僚や政治家、経営者などの指導者たちは、清貧に甘んじながら、国家百年の大計に基づいて行動していた。未来を背負って立つ世代に対し、人間の生き方についての哲学や理念を率先垂範《そっせんすいはん》して見せてくれていました。

その指導者たちが、いまや自己の利益に汲々《きゅうきゅう》とし、国家や国民の未来、すなわち「公」について考えなくなっているように思えます。自らのリーダーシップの欠如が招いた国家や企業の失敗に関しても、自発的・積極的に責任をとろうという姿勢が稀薄です。いまの若者が物質主義に走るのはある意味、当然と言っていいでしょう。

エリート教育の必要性

かつての日本のエリート教育は、教養を重んじ、品格を大切にするものでした。歴史、哲学、芸術、科学技術など各方面を学ぶことで総合的な教養を育成し、国を愛し、国民を愛する心を養おうとしました。なかでも読書、とくに古典を読むことを学生たちに勧めました。

旧制中学から高等学校、帝国大学という、かつての日本式エリート教育のもとで育った人々は、賢人たちの名著をひもといては形而上学的な世界を彷徨《さまよ》い、思索し、苦悩呻吟《しんぎん》しながら精神的成長を遂げていったものです。

それが最近の日本では、大学ですら一般教養を軽視する風潮を露骨に見せ始めているようです。物質的な面ばかり重視すると精神面がおろそかになる。人間として最も大事な青少年時代に、内面的な自己を涵養《かんよう》する機会が失われてしまうのです。

これでは将来の指導者は育ちません。国家をリードするのは非常に難しい仕事です。しっかりとした指導者がいなければ国が危うくなる。欧米はもとより、多くの国家が将来の指導者となるエリート層の養成に乗り出しています。ところが、戦後の日本はこれを怠っている。テクニカルなレベルで一生懸命になるばかりで、本当に必要な「指導者をつくり上げる教育」がまったく行われていないという印象を受けます。

それを象徴するのが、東京大学を筆頭として、旧帝国大学に連なる国立大学から優秀な総理大臣が出てこないことです。戦前の帝国大学は指導者を輩出したのに、なぜ戦後はだめなのか。法律に縛られて、「法律上、問題があるかないか」という発想しかできず、政治の世界では役に立たない人が多いからかもしれません。

それでも、法律を学んだ秀才たちは官庁に就職し、行政の担い手となりますが、彼らはえてして精神面で貧困です。大多数の官僚が第一に求めるのは自分の出世であり、国家という概念が稀薄なのです。

目先のことしか見えない人は、政治家になっても自らの利益ばかり漁《あさ》るようになります。「指導者は何をするべきか」がわかっていない。さらに言えば、金銭や権力は一時的なものにすぎず、「品格」「教養」「愛国」「愛民」などの精神的な価値こそが生涯を通じて追求すべきものだということもわかっていません。このような政治家が指導する国家はきわめて危うい。

人間にとって精神の豊饒《ほうじょう》ほど重要なものはありません。『旧約聖書』の「エゼキエル」三十七章に〝骸骨の谷〟の話があります。

〈神が預言者を連れて谷に入った。そこは骸骨に満ち満ちている。神は預言者を使って骸骨に言葉を伝えると、ばらばらだった骨がつながり、肉がつき、皮でおおわれた。しかし、まだ生きた人ではない。神は風を呼ぶ。四方から死者の肉体の上に風が吹いた。すると、死者が立ち上がり、巨大な軍隊になった。〉

「骸骨」とは精神のない人間であり、「風」は精神です。精神を吹き込んで初めて人間が誕生すると、『聖書』は教えているのです。

『聖書』の言う「精神」とは「神の教え」ですが、これをより一般的に表現するなら「道徳」と言い換えてもいいでしょう。

評論家の日下《くさか》公人《きみんど》氏は、「道徳というのは土であり、日本の経済発展はこの道徳という土の上で初めて成立することができる」と言っています。道徳という土壌の上に二十世紀の日本の発展が成り立ったというのは的確な指摘です。

この「道徳という土壌」の発想は、国際化、すなわちグローバリゼーションという問題を考えるうえで重要なヒントになります。二十一世紀においてますます拍車がかかっているグローバリゼーションの過程を見ていくと、道徳が大きな意味を持っていることがわかる。

その過程で必要とされるものは「信じられる国」ということです。国際的に信じられるためには、技術的に信用されることと同時に、道徳的な体系を持った国であることが求められる。

道徳の基準は、一般的に信仰がベースとなります。

しかし、近代社会では政治と宗教の分離がルールであり、政治が宗教を強制することはできないし、また宗教を通常の教育に取り入れることも許されません。したがって、指導者を育てる教育に宗教を用いることは難しい。

では、どうするか。

私は先ほど、指導者の条件としてまず「信仰」を挙げました。後藤新平の宗教は何だったか、私にはわかりませんが、信仰を持っていたことは十分に想像できます。天皇、あるいは国家に対する忠誠だったかもしれません。

信仰のセンスは理屈ではなく、情動や情緒から発せられます。浅い表面的な意識や理性の判断ではなく、信仰は深層意識から発露するものです。後藤新平と私とを精神的につなぐものは、強い信念と信仰心です。

したがって、道徳の基準となるものを教養として教育に取り入れるのも一案です。教養を通して精神性を高め、その過程で道徳の「核」となるものを磨いていくのです。

かつての日本には教養を重視するシステムがありました。旧制高校、旧制大学では教室での勉強にとどまらず、教養を学ぶことが重んじられた。それが日本のエリート層を優れた指導者に育てる力になったと私は考えています。あの高度な教育をいま一度復活させるべきではないでしょうか。

私は、日本文化のもとで基本的な教育を受けてきて本当によかったと思っています。それが現在の私の精神の核をつくり、「台湾精神」や「キリスト教」と結びつけたのです。アメリカでも高等教育を受けましたが、精神面ではあまり役に立ったとは言えません。アメリカの教育は現象をとらえるだけの表面的なものでした。根本的に教養を養い、精神的な価値を考えさせられたのは日本の教育のおかげです。

「知識」と「能力」を超えるもの

たしかに知識は重要な要素です。合理的な発想をすれば、「知識」と「能力」さえあればいいのかもしれない。しかし、人間はそれほど単純なものではありません。日本の指導者には精神的な修養が不足しているように感じます。

たとえば、ある人物が国家的指導者となるべく一生懸命勉強し、政治の世界で必要とされるテクニックを身につけ、とうとう総理大臣に就任したとする。ところが、それだけではその人物が何か建設的な政策を実施できるかどうか疑問です。総理大臣になることが最終目的だったので、そこで終わってしまうのです。実に馬鹿げた話で、目的と手段を混同していたため、せっかく総理大臣になってもしたいことが見つからない。大災害や、隣国の領海侵犯などの危機に際しても右往左往するばかりです。

最高指導者に求められる洞察力を持つには、個人の能力や計算ずくの利害関係を超越した発想が必要になります。それには能力や利害、駆け引きが通用しない世界を体験しなければなりません。それが精神的な修養です。

たとえば道場で座禅を組む、あるいは朝早く起きて人のいやがる場所を掃除するようなことでもいい。単純なことかもしれませんが、それらは現在の日本から失われつつあることであり、同時に日本の指導者に何が欠けているのかという問いにつながります。指導者を能力や利害のみで判断する限り、幅のある政治、大局観に立った政治が生まれるはずがありません。

日本人はみな勉強家で真面目です。しかし、残念なことにその多くは勉強のための勉強で終わっている。大切なのは現実の社会を見据え、問題点をはっきり認識し、「日本をよくしたい」「国民のために尽くしたい」という信念をもって積極的に社会に働きかけることです。

私は日本の京都帝国大学時代も、アメリカでのコーネル大学時代も一生懸命に勉強しましたが、「この勉強が台湾にいる同胞にとってどのような意味を持つか」と自らに問いかけることを片時も忘れたことはありませんでした。

明治維新後、日本の留学生や政治家たちが異国の地で学んだときは、みな「日本をよくしたい」という信念を持っていた。終戦直後の日本人が活動を再開したときも、同様の思いを抱いていたはずです。

大東亜戦争後、「あの戦争は、すべて日本が悪かった」と内外に宣伝するＧＨＱの「ウォー・ギルト・インフォメーション・プログラム」政策により、日本人が精神のよりどころにしていた戦前の「価値」は全面否定されてしまいました。

その結果、「国家」とは、「主権」とは、「国益」とは何かを考えるリーダーが生まれにくい国になってしまった。そのことが、二つの大震災時での政府対応のまずさにつながっているのだと思います。

しかし、日本ばかりを悪者にするような宣伝に迷わされてはいけない。戦前の日本には、現代の日本が失った素晴らしい面がたくさんありました。先述したように、日本には世界に類を見ない、美しい伝統が息づいています。

伝統は何千年の星霜《せいそう》を経ようとも色あせないものです。自らのなかに伝統が根ざしていてこそ、世の移り変わりに動じない哲学が生まれるのです。伝統と古典から多くを学び、古典や伝統の重要性を若者に伝えていくことも、指導者にとって重要な役割の一つと言えるでしょう。

大切なのは「信念」であり、自らに対する「矜持《きょうじ》」です。申し上げにくいことながら、日本人にはその「信念」が稀薄になっているように思われます。少なくとも現在の日本人にはコンフィデンス(自信)が欠落している。自分に対する信頼感が持てず、堂々と実行に移す迫力が感じられません。

　政治家のレベルで言えば、部分的な細かなことには気づくのですが、大局的な大枠を把握する力に欠ける。何かいつも小手先のことばかり論じているような印象を受けます。それは「能力」がないからではなくて、「信念」あるいは自分に対する信頼感が持てないからではないでしょうか。

　そうした信念や矜持を持つには精神的修養が重要です。それが最終的に物ごとの本質を見抜く洞察力や大局観につながる。

　だからこそ、戦前の旧制高校、師範学校、帝国大学の卒業生が持っていた、優れた「国家観」「歴史観」「世界観」を育てるエリート教育、いわば「リーダー養成システム」が急務なのです。

第六章

「武士道」と「奥の細道」

宮城県松島町の瑞巌寺境内にある李登輝・李曽文恵句碑。

オバマ大統領の最敬礼

二〇〇九年にアメリカのオバマ大統領が来日し、皇居を訪問したとき、オバマは天皇陛下と握手しながら九〇度腰を折って深々とお辞儀をしました。その意味を理解している日本人はどれくらいいるでしょうか。

オバマはアメリカ初のアフリカ系大統領です。奴隷として連れてこられた黒人が差別され迫害され続けた長く苦しい五百年の後のアメリカで、とうとう世界一の大国のリーダーに選ばれました。そういう歴史を背負った大統領が、天皇陛下に最敬礼したのはなぜでしょうか。

オバマ大統領は、天皇陛下に象徴される日本文化、日本人の持つ精神性に最敬礼したのです。

アメリカは急速な経済発展を遂げ、いまやアメリカに次ぐ経済大国となった中国との関係を最重要視しているはずです。にもかかわらず、オバマ大統領は天皇陛下に最敬礼し、中国の国家主席と会ったときにはそうしなかった。これは政治的意図というよりは、日本という国の歴史と文化に対する尊敬の念によるものだったに違いありません。

日本人はこのことを肝に銘じるべきです。日本はそれほど世界から尊敬されているのです。自然との調和を生活のなかに取り込んだ日本の文化は世界でも稀な文化であることを自覚しなければなりません。

戦争に負けてから、日本の社会には自虐史観が蔓延するようになった。これは実に悲しむべきことです。日本人だけが日本人の素晴らしさを忘れ、自信を失ってしまった。いまこそ日本人としての尊厳を取り戻すべきです。

高い精神性と美を尊ぶ心の混合体が、日本人の特質です。日本人にはよくわからないかもしれませんが、あの東日本大震災においても日本人は秩序を失わず、整然と行動し、他人を思いやる心を見せました。これが他の国であれば略奪や暴動が起きても不思議ではない。世界は日本人の品格の高さに驚きました。

それこそが、長い間に培われた日本精神、そして日本文化なのです。

『学問のすゝめ』

日本文化の特徴は歴史のなかで醸成されたものです。

聖徳太子や「大化の改新」の時代までは、中国から儒教や仏教などの文化を取り入れていました。やがて、鎌倉時代以降、武士道精神という成文化されない道徳的規範が生まれ、日本の精神文化の土壌が形成されます。

そして、明治維新という大きな転機が訪れました。東西文明の融合という世界史上稀に見る文明の転換が起こったのです。

その経緯を知るために、まず、福澤諭吉の『学問のすゝめ』について触れたいと思います。

『学問のすゝめ』は、福澤諭吉が一八七二(明治五)年二月から一八七六年十一月まで五年間にわたり、試行錯誤を重ねつつ出版した前後十七編の小冊子で、その後、一八八〇年に「合本学問之勧序」という前書きを加え、一冊の本に合本されました。

その前書きによれば、初版以来八年間で約七十万部が売れ、そして最終的には三百万部以上売れたとされます。当時の日本の人口が三千万人ほどでしたから、実に十人に一人が読んだことになる。現在のような大規模な流通販路の確保や広告宣伝が難しかった時代においては、驚異的なベストセラーと言えるでしょう。

福澤はのちに「掃除破壊と建置経営」と題する一文を作り、自己の思想を回顧して、その方向を二段に分かち、「初段は掃除破壊の主義にして、第二弾は建置経営の主義なり」と自ら記したことがあります。

「掃除破壊」、つまり封建時代の考え方を掃除して破壊することを目的として世に問うたのがこの『学問のすゝめ』であり、それは言うまでもなく、この初段に属する第一書であると言えます。

これより以前の福澤と言えば、西洋料理を食べたり、洋服を着たりといった西洋事情の紹介や新知識の普及を主眼とするものにとどまり、イデオロギー的な攻撃批判をする思想闘争とも言うべきものは、いまだ企てられてはいませんでした。それが公然と宣言されるに至ったのは、『学問のすゝめ』に始まると言うことができるでしょう。

それは、一八七二年に明治政府が学制を公布したことで明治政府の開進的性格を承認し、初めてこの革新事業を助成する決心ができたからなのです。

『学問のすゝめ』に書かれた「天は人の上に人を造らず、人の下に人を造らずと云えり」という著名なこの一文を初編の冒頭に述べたのも、明治政府によって布かれた学制に、「教育は国家のためではなく、個人のために必要なのだ」という、国民平等の公教育の理念が説かれたからなのです。

そこでは「必ず邑《むら》に不学の人なからしめん事を期す」と宣言されました。

具体的には、全国を八大学区、一大学区を三十二中学区、一中学区を二百十小学区に分け、学校制度の全体が、ピラミッド型の構造となる学区制度の実現をめざすとされました。小学校は六歳入学と定め、上等、下等の各四年に分け、八年制としました。わずか数年で二万六千ほどの小学校が設立されましたが、国家に財力のなかった当時は、大半が江戸時代までの寺子屋が転用されたものでした。

当初、明治政府の政策に対する福澤の観測は当たりませんでした。福澤は佐幕派に属し、勤皇派ではなかったことから、明治政府が西洋思想を取り入れて国を発展させようと考えていたことを知らなかったからです。

しかし、維新政府が着々と実行していった革新政策は、むしろ福澤の意表に出るほどのものがあり、ことに一八七一年の廃藩置県のごときにいたっては、福澤をはじめ、当時の文明主義者を驚喜せしめるものがありました。

新政府の果断なる実行を見るに及んで、福澤は新しい希望と抱負をもって、ようやく新しい日本の思想的指導者の任務を自らに課する気持ちに進んできたのです。

儒学の思弁より実証的学問

『学問のすゝめ』はその書名のとおり、学問の大切なことを説いたものです。虚実渦巻く理想と現実の見分け方を、学問によって説明しようという意図がうかがえます。また学問の有無が人生に与える影響も説いており、日本の国民が行くべき道を示したものであるとも言えます。

あの「天は人の上に人を造らず、人の下に人を造らずと云えり」という冒頭の一句も、やがてその本来平等たるべき人に貴賤《きせん》の別が生ずるのは、ひとえに人の学ぶと学ばざることによるとの結論を示すことにあったのです。

そして福澤が「すすめ」た学問は、旧来のものではなくて、新しい実学でした。実学とは儒学の思弁的なるものに対する実証的学問を意味します。

漢文や古文などを「よきものではあるが、そこまでして勉強するものではない」として、その意義を否定こそしないが、世間で扱われるほどの価値があるものではないと言い、「儒学者や朱子学者が言うような難しい文句のある漢文や古文を学ぶより、まず日常的に利用価値のある読み書き、計算、基本的な道徳などの実学を身につけるべし」と書いています。こうして福澤は西洋の物理化学に傾向し、また西洋人文科学を知るようになったのです。

西洋の自然科学によって、自然が厳密な法則によって支配される世界であることを知った福澤が、人文科学でまず学んだのは経済学、次いで倫理学でした。

経済学は、人文科学中にあって、最も法則科学たる性質の濃いものでした。それから福澤はさらに西洋倫理学、つまり哲学を知り、道徳哲学要論を研究して、修身論の講義を慶應義塾で行うまでになりました。

このように見てくると、『学問のすゝめ』は西洋文化の基本的な考え方を基礎にした諸論文をまとめたものであると言えます。

『学問のすゝめ』第八編「我心をもって他人の身を制すべからず」の章、第七編「国民の職分を論ず」は、第六編の「国法の問うときを論ず」に続くものであり、国民遵法《じゅんぽう》の義務を説き、「政府万一暴政を行うことあれば、正理を執《と》って屈せず、そのために蒙《こうむ》る苦痛は甘んじてこれを忍ぶ殉教者たるべし」と主張しました。これはかなり世論の批判を受けましたが、「学問のすゝめの評」という弁明の論文を記して投稿してから、攻撃の声は聞かれなくなりました。

『学問のすゝめ』の主張する事柄において福澤は、それまでの日本には親しみのなかった自らの主張を身をもって実践しました。彼は民間にあって日本文明の教師たることをもって己の任とし、終生一貫、一日のごとくでした。これは尊敬すべきことです。

東西文明の融合

一八六八年三月、明治天皇は公家、大名の前で新しい国造りの大方針を明らかにする「五箇条の御誓文」を発表します。そうして議会を設置し、公議世論に基づいた政治を行うこと、言論を活発にすることなどが唱えられました。これによって日本が世界(西洋)の文明を取り入れ、近代的立憲国家として発展していく方向が決められたのです。

明治政府は三つの強力な制度改革、すなわち学校制度、徴兵制度、租税制度の改革を推し進め、近代国民国家としての基礎を固めました。

明治直前に王政復古が宣言されたこともあり、宗教に対する政府の態度はかなり曖昧なものでした。しかし、西洋文明を取り入れねばならないことが次第に理解されていくと、文明開化の重要性が説かれるようになり、一八七三年にはキリスト教も黙認されました。その前年には太陽暦が採用され、一日が二十四時間、一週間が七日、日曜日が休日とされました。

廃藩置県の前後から福澤諭吉の『学問のすゝめ』が出版されて、身分ではなく、実力が尊ばれる社会の到来を告げます。「独立自尊」や「自助、勤勉の精神」の大切さが説かれ、広く読まれたのをきっかけに多くの新聞や雑誌が発行され、私立の学校や塾も開かれて、欧州諸国の生活や風俗、思想を紹介するようになったのです。

人々の生活にも大きな変化が生じました。東京などの大都市では、散切《ざんぎ》り頭《あたま》の流行、洋服の着用、牛肉食、ランプの使用が広まり、レンガ造りの洋風建築、ガス灯が灯る街頭、人力車や馬車が走る文明開化の町並みが出現しました。

文明開化の風俗については、表面的な西洋模倣として非難する声もありましたが、日本人が他の文明から有益なものを学び取る高い能力を備えている表れとして見ることもできます。

明治の学制発布で、政府は、前述したように一挙に二万六千ほどの小学校を設立しましたが、多くは寺子屋の転用でした。やがて寺子屋は国民に平等に開かれた小学校制度に吸収され、武士の子も町人や農民の子と一緒に机を並べて勉強し、武士階級の子弟が通うための特別の学校は作られませんでした。ここに明治維新の革命に似た特徴が見られます。

小学校の卒業にも試験があり、能力に応じて上級学校へ進む道が出世を約束しました。さらに身分を問わず、新たな指導者層をつくる高等教育機関も整えられました。封建的身分差別は教育による能力主義によって少しずつ壊されていきました。これは、日本が現在のような平等な社会になった原因の一つであると言うことができます。

では、『学問のすゝめ』によって、日本文化は変わったのでしょうか。日本文化の特徴を知らなければ、『学問のすゝめ』の本当の意義はわからないと言っても過言ではありません。

福澤諭吉らが民間にあって社会に強く変革を呼びかけた明治維新は、聖徳太子が仏教を導入したことに次ぐ、日本にとって二度目の大きな文明の変革でした。

日本の文化は、有史以来、大陸や西洋から滔々《とうとう》と流れ込んできた変化の大波のなかで、驚異的な進歩を遂げ続けてきました。ところが、結局、一度としてそれらの奔流に呑み込まれることなく、日本独自の伝統を立派に築き上げました。日本人には、古来そのような類稀《たぐいまれ》なる力と精神が備わっています。外来の文化を巧みに取り入れながら、自分にとってより便利に、受け入れやすいものにつくり変えてきたのです。

このような新しい文化の創造、つくり方というのは、一国の成長・発展という未来への道にとって非常に大切なものと私は思っています。こうした天賦《てんぷ》の才に恵まれた日本人が、そう簡単に日本的精神という世界的に貴重な遺産や伝統を捨て去るはずはありません。

では、日本文化とは何か。それは高い精神性と美を尊ぶ心の混合体が、日本人の生活であると言わざるを得ません。日本文化は世界に稀なる特殊な文化であることを日本人は自覚しなければなりません。自然との調和を生活のなかに取り込んだ日本の文化は、実は世界でも稀なる文化と言わざるを得ないのです。

「武士道」の高い精神性

日本および日本人特有の精神は何かと問われれば、私は即座に「大和魂」、あるいは「武士道」であると答えます。

武士道は、かつて日本人の道徳的体系でした。封建時代に武士が守るべきこととして要求され、教えられた道徳規範です。それは成文法、つまり文章の形式で示されたものではなく、口伝によって、もしくは数人の武士、あるいは学者の筆によって伝えられたわずかな格言が残されているにすぎません。むしろ語られず、書かれざる掟《おきて》、心の襞《ひだ》に刻まれた決まりが多い。不言不文であるだけに、実行によっていっそうその意義が強められ、嘘をつかず、言ったことは必ず実行する「実践躬行《きゅうこう》」の精神です。

いかに有能なりといえども一人の頭脳が創造したものではなく、またいかに著名なりといえども一人の人物の生涯に基づくものではありません。数十年、数百年にわたる武士の生活のなかで有機的に発展していったものです。

それがやがては日本人の行動基準となり、生きる哲学になりました、公の心、秩序、名誉、勇気、潔さ、惻隠《そくいん》の情、実践躬行を内容にしつつ、日本人の精神として生活のなかに深く浸透したのです。

現在、台湾海峡やパレスチナ、アフガニスタン、イラク、朝鮮半島など、各地において危険な動きが高まっています。政治・軍事面だけでなく、経済的な危機も世界に広がっている。このような状況下において何を精神的指針とすべきかを考えると、私は迷わず「武士道」を挙げたいと思います。

世界に誇る日本精神の結晶とも言うべき「武士道」が生まれたのは、日本で営々と積み上げられてきた歴史、伝統、哲学、風俗、習慣があったからこそだと、『武士道』を著した新渡戸稲造は言っています。

もちろん武士道の淵源には、仏教、ことに禅の教え、中国の儒教、日本古来の神道の影響も挙げられますが、その本質は中国文化の影響を受ける以前からの大和民族固有のものだと言うのです。

新渡戸稲造は『武士道』のなかで、その徳目としてまず「義」を挙げています。「義」とは、ひと言で言えば卑劣な行動を忌むということです。そして個人や「私」の次元に閉じ込めるのではなく、必ず「公」の次元に引き上げ、受け止めなければならない観念です。次は「勇」です。これは「義」と密接に結びついているもので、義のない勇気はまったく価値がありません。

さらには「仁」があります。そしてこれに密接して、他人を尊敬することから生じる謙虚さ、慇懃《いんぎん》さの心である「礼」がある。さらに、「礼」に絶対不可欠なものとして「誠」を挙げています。そして、日本人が人倫の最高位に据えてきた名誉の掟というべき「忠」があります。

このような徳目が不即不離のものとして渾然一体となったものが「武士道」であると新渡戸は説いているのです。

「武士道」は人類最高の指導理念と言っても過言ではありません。しかし、まことに残念ながら、それを生み出した日本では、「武士道」も「大和魂」も終戦以降、ほとんど見向きもされない状況にあります。

その背景には日本人の「過去」に対する全面否定、すなわち「自虐的価値観」が大きく影を落としています。「武士道」などと言えば、非人間的、反民主的な封建時代の亡霊であるかのような反応が返ってくる。

しかし、現代の日本を悩ませている学校の荒廃や青少年の非行、凶悪犯罪の増加、失業率の増大、官僚の腐敗、指導者層の責任転嫁といった国家の根幹を揺るがしかねない問題は、武士道という道徳規範が国民精神の支柱となっていた時代には見られなかったことです。

つまり、これらの諸問題は戦後の自虐的価値観と無縁ではないということになります。

実に残念なことに、日本が戦争に負けた一九四五年以降、GHQの占領政策によって、かけがえのない日本精神がすべていったん否定されてしまった。教育の場においても、「日本の過去はすべて間違っていた。日本は悪いことをした」と教える日教組の暴走が始まり、日本の青少年は誤った価値観を植えつけられ、どんどん自信を失っていきました。これに乗じた中国や韓国の虚偽と悪意に満ちた宣伝によって、日本は貶《おとし》められる一方です。私は日本の若い人たちがかわいそうでなりません。

こういう状況下で「武士道」が否定されることは日本人にとって大きな打撃であるばかりではなく、世界の人々にとっても大きな損失と言えるでしょう。

私は拙著『「武士道」解題――ノーブレス・オブリージュとは』のなかで、「いま、なぜ武士道か」と問いかけています。それは日本および日本人に対してだけではなく、私自身に向けての問いでもありました。危急存亡の時期にあってこそ、各個人が「生き方の心得」というべきものを再認識、再点検しなければならないからです。そして、この問題を厳しく突き詰めなければ国家や国民の未来は見えてこない。

いまこそ声を大にして武士道精神を再評価しようと言っているのは、日本人本来の精神的価値観をいま一度想起してほしいと切望するからです。民族固有の歴史とは何か、伝統とは何かということを、もう一度真剣に考えてほしい。そうして、日本文化の優れた精神性を外国人やいまの若い日本の人々に知ってほしいのです。

日本文化の情緒と形

死生観の面から言えば、儒教には「死と復活」という観念が稀薄で、物事を否定する契機がありません。だから儒教は「生」に対する積極的な肯定ばかりが強くなるという危険を孕《はら》んでいます。

儒教は善悪を定めた道徳でありながら、死生観をはっきりさせていないため、人間個々の生きる意義と、そこに立てられる道徳とのあいだにかなりのずれが生じているのです。

儒教は「文字で書かれた宗教」と言われ、しょせんは科挙制度とともに皇帝型権力を支えるイデオロギーでしかなく、人民の心に平安をもたらす教えとはなりませんでした。

そのようなものを大切に押し戴いてきた中国人は、結局、空虚なスローガンに踊らされ、それで満足してしまうようになった。あるいは面子ばかりにこだわり、何の問題も解決できないばかりか、かえって価値観を錯乱させてしまいます。

私も四書五経を学んだことがあります。しかし、「人生はどうあるべきか」といった命題に答えを与えてくれないことに不満を覚えました。

私の儒教に対する批判はこのような体験に基づいているのですが、人間は死について知らなければ、いかに生きるかということもわかりません。人間は生きているあいだに誰かのために、公のために何かをなさなければならないのです。

仏教が武士道に与えた冷静沈着なる心のありようは、物質主義にとらわれている現在の日本に最も欠けていることの一つと言えるでしょう。武士道を学ぶことによって、冷静に事態を受け止め、沈着に対処することが可能になるはずです。

ただし「生を賤《いや》しみ死を親しむ心」という考え方には、私は否定的です。仏教は生よりも死に重点が置かれています。本来持つべき死生観というのは、死を知ることによって生をどうするかという問題意識なのであって、生というのは非常に大事なことなのです。

また、死を親しむ心ではいけない。死は知ることが大切なのであって、死を知ることによって、生をどう生きるかという問題意識を持つことが何より大切なのです。『葉隠』のなかに「武士道と云ふは死ぬ事と見つけたり」という有名な言葉があります。これは前述したように、生死についての問題意識を示したものでしょう。

新渡戸稲造はクリスチャンです。彼は士族出身でもあり、儒教的な教養を積んできたわけですが、結局は儒教における死生観の不在から、キリスト教に道を求めたのではないかと思います。そしてキリスト教という新たな道徳体系のもとで、武家時代の物理的かつ現実的な権力を維持するための狭義の武士道ではなく、精神的かつ理想的な生き方を追求するためにある、しかも未来永劫に通じる道徳規範としての、広い意味での「武士道」の価値を再発見したのです。

この「回心」は、理論を変える「転向」とは似て非なるものです。新渡戸は道を求める者、すなわち求道者であるがゆえに回心者となった。それゆえ日本の宗教全般に視野を広げて武士道の淵源《えんげん》を語ることができたのです。

彼にとって再発見された「武士道」は、日本人の不言実行あるのみの美徳であり、「公」と「私」を明確に分離した、「公に奉じる精神」と言ってもよいでしょう。

日本文化の優れた面は、かかる高い精神性、すなわち武士道精神に代表される日本人の生活にある哲学であると思います。

心の底からこみ上げる強い意志と抑制力をもって個人が「公」のために心を尽くすだけでなく、日本人の生活にある美を尊ぶ私的な面があることも忘れてはいけません。

それは情緒として、形として、日本人の生活そのものになっている。ここに日本人の美学の大きな特徴があります。それは自然への感受性と調和の精神であり、「もののあわれ」「わび」「さび」を暮らしのなかに見つけ出す日本人独特の、また人間として普遍的に持つべき美学が生活に溶け込んでいるのです。

老子は「道可道非常道（道の道と可《すべ》きは常に道に非《あら》ず）」と言っています。道とは口で言えるものではなく、口で言えるものは永遠に道でないという意味です。

日本人は花を生ければ「華道」に、お茶を飲めば「茶道」というように、生活におけるあらゆる行為が「道」となっています。弓も剣も「道」という形になる。それがまた俳句や和歌という形で表現されて、自然とのあいだに共生的関係を持っています。これは外国人にはなかなかわかりにくい日本人の特質です。

「奥の細道」をたどる

私は、「日本精神」というものを大きく二つに分けて考えています。

まずは誠実であること。嘘をつかない。これが「武士道」につながる日本の精神の基本です。そして、もう一つは自然との調和。日本人の美学的な情緒です。私は揮毫を求められると、好んでこの「誠実自然」という言葉を書いています。

松尾芭蕉の『奥の細道』は、その日本文化の美を的確にまとめたものであると言っていいでしょう。そこに表されている「わび」「さび」こそ、日本人本来のうるわしい心情であり、情緒であるからです。

私は二〇〇四年十二月に家族四人で六十年ぶりに日本を訪れ、一週間の観光を楽しむ機会を得たのに続いて、二〇〇七年の五月から六月にかけて文化と学術交流の目的で訪日した折、念願だった「奥の細道」探訪を実現することができました。

残念ながら、芭蕉の足跡をすべてたどることはできず、深川、日光、仙台、松島、平泉、山寺、象潟《きさかた》をめぐり、以後のコースは機会をあらためることになりましたが、それは日本人の生活と自然との調和をつくづく思い知らされた、生涯で最高の旅でした。いつまでも忘れられない思い出です。

日本に到着した翌日、深川の「江東区芭蕉記念館」を訪れ、ここから私の「奥の細道」を訪ねる旅が始まりました。

道中、芭蕉の句を頭のなかで反芻しながら、芭蕉の旅の目的をいろいろと考えてみました。

平泉に到着した芭蕉と曾良《そら》が見たのは、藤原秀衡《ひでひら》ゆかりの金鶏山《きんけいざん》でした。そして昔を偲びつつ、呆然と立ち尽くして詠《よ》んだのが、

夏草や兵《つわもの》どもが夢の跡《あと》

でした。

時が過ぎ、華やかな過去は一つの草むらでしかなくなった。こういう考え方は日本人にしかないものです。

山寺の通称で知られる立石寺《りつしゃくじ》を訪れときには、蟬の声と潮と周囲の静けさのなかで、

閑《しず》かさや岩にしみ入る蟬《せみ》の声

と詠みました。自然との調和が心にしみ込んでくる句です。これには何の説明もいらないでしょう。

芭蕉は「奥の細道」をたどる旅の大きな目標であった現在の秋田県象潟にも足を運び、その風景に感動するとともに、中国の伝説の美人、西施《せいし》を可憐な合歓《ねむ》の花になぞらえて、

象潟や雨に西施がねぶの花

と詠んでいます。象潟の蚶満寺《かんまんじ》にあるその句碑を見て、私は強く心を動かされました。司馬遼太郎氏もやはり蚶満寺を訪れ、紀行集『街道をゆく』のなかで、「芭蕉の感覚では、象潟の水景は雨に似合うのである」と記しています。

旅情のほてり醒《さ》めやらぬ芭蕉は、最後の気力をふるい起こして海岸沿いに越後《えちご》の国に入

ります。出雲崎《いずもざき》に泊まったときに詠んだ句、

荒海や佐渡に横たふ天河《あまのがわ》

は、壮大な景観を十分に情緒と形で表した、日本人らしさの代表的なものでしょう。芭蕉は松島のそのあまりの美しさに句が詠めませんでした。そのかわりと言っては僭越《せんえつ》ですが、私は次のような句をつくってみました。

松島や光と影の眩しかり

また家内は、

松島やロマン囁《ささや》く夏の海

と詠みました。その句碑が、松島の瑞巌寺《ずいがんじ》境内、芭蕉の句碑のとなりに建立されています。汗顔の至りですが、これはノーベル賞をもらう以上の光栄だと感じています。

靖國神社参拝批判は筋違い

この訪日のときに、私はもう一つの念願を果たしました。兄・李登欽《とうきん》(岩里武則)が祀られている東京・九段の靖國神社を参拝することができたのです。

「奥の細道」をたどって東京に戻ってきた翌日の六月七日朝、私は家内と孫娘、黄昭堂台湾独立建國聯盟主席を連れ、曽野綾子・三浦朱門夫妻にもご同行いただき、遺族として靖國神社にお参りし、兄の御霊《みたま》に祈りを捧げました。

日本名を岩里武則と名乗った兄は、昭和十八(一九四三)年に台湾で志願兵制度が実施されたのを機に、警察官の職を擲《なげう》って海軍に入りました。

翌昭和十九(一九四四)年に台湾南部にある高雄の街で会い、写真を何枚も撮りましたが、それが兄と会った最後となったのです。

兄は大東亜戦争末期の昭和二〇(一九四五)年二月十五日、フィリピンのルソン島で戦死したと知らされましたが、うちの親父は兄の死を最後まで認めることはありませんでした。一九九五年に九十八歳で亡くなるまで、兄貴のことを「必ず南方で生きている。いつか台湾に帰ってくる」と口癖のように語っていた親父でしたから、我が家には兄の位牌もなければ、墓もありません。もちろん兄の霊を弔うということもなかったのです。

そうした事情のあった我が家に代わり、靖國神社は戦後七十年近くにわたり、兄の霊を慰めてきてくれました。

二〇〇〇年に総統を退任したものの、いろいろな制約があり、訪日することそのものが、なかなか叶わなかったのですが、六十二年ぶりに仲の良かった兄に会え、やっと冥福を祈ることができたのでホッとした気持ちでした。

我が家にとって、兄の証があるのは靖國神社だけなのです。我が家ができなかった兄の慰霊を、靖國神社がずっとやってきてくれた。長い間、兄の魂を慰めてきてくれた、そのことに心から感謝するためにも私は靖國神社に参らなければならなかったのです。

このときの訪日でも、同行した新聞記者たちは事あるごとに私にマイクを向け「靖國神社に参拝するのか」と聞いてきました。その度に私はこう答えたものです。「六十年以上会っていない兄貴が靖國神社にいて、その弟が東京まで来ている。あなたが私の立場だったらどうするか。その気持ちを記事に書けばいい。政治とは切り離して人間として考えなさい」と。

日本の一部の人々、それに中国や韓国は、靖國神社参拝を歴史問題、あるいは政治問題として大きく取り上げますが、兄が祀られている神社を遺族の一人として訪問することは、兄に対する尊敬の念を示すためにもぜひとも行わなければならないことでした。それはまったく個人的な事情です。それを歴史的・政治的にとらえることは間違っています。

私も総統在任中は台北にある忠烈祠《ちゆうれつし》へ春と秋の二回、参拝に行きました。ただ、ここに祀られているのは中国大陸における抗日戦争で戦った兵隊たちです。当時、日本領だった台湾から見れば敵兵ということになり、台湾のために戦って命を落とした人たちではない。とはいえ、私は人間として大きな愛でもって彼らの霊を慰めるためにお参りに行って頭を下げたのです。

もちろん、私は靖國問題についてよく知っています。日本の総理大臣や閣僚が参拝すると新聞は大きな政治問題として取り上げ、あるいは歴史問題として政府を糾弾する。しかし、それは私には関係のないことです。

そもそも、靖國問題とはどこから出てきたのか。その事情について、われわれはもう少し真剣に考えなくてはならない。

靖國問題とは、中国や韓国において、自国内の問題を処理できないがゆえにデッチ上げられ、日本攻撃に利用されたというのが真実だと私は思っています。それに対して日本の政治家はあまりにも弱腰だった。

昨年(二〇一三年)末、安倍総理は念願の靖國神社参拝を果たされました。自分の国を守るために戦って散った若い命をお祀りし、その英霊に国の指導者がお参りするのは当然のことです。中韓であれ、アメリカであれ、外国の政府によって批判される筋合いはまったくありません。

私の靖國神社参拝に対しても、例によって中国は非難しましたが、それは下っ端の役人が騒いでいるだけです。上の人間は何も言い切れない。そういう下っ端役人の発言を新聞が大きく取り上げること自体が間違っています。

私が靖國神社に参拝したのは、一個の人間として兄の冥福を祈るというのが唯一の目的でした。日本人も、そこからまず出発すべきです。そういう認識から、今後、靖國神社に対する日本人の考え方は変わっていかなければなりません。

変わらぬ日本人の美学

このときの日本訪問で印象的だったのは、行く先々で日の丸や緑の台湾旗、あるいは日本における私の支持団体である日本李登輝友の会の小旗が振られ、あるいは横断幕が掲げられ、行きとどいた歓迎を受けたことです。そこに若い人が大勢いたことも嬉しく思いました。

日本は戦後、大変な経済成長を遂げました。焦土のなかから立ち上がり、ついに世界に冠たる経済大国をつくり上げ、民主的な平和国家として世界各国の尊敬を得ています。

二〇〇八年には沖縄を訪れ、六十年前にあれだけ破壊されたにもかかわらず、目覚ましい発展を遂げたのを目の当たりにしました。街並みも整っています。沖縄の皆さんは本当に努力されたものだと、私は感服しました。あの戦争で沖縄が大きな犠牲を払ったおかげで台湾は助かったのです。もし沖縄がなければ台湾が戦場となり、現在のような復興・発展をとげることができたか、はなはだ疑問です。沖縄で亡くなった方々のご冥福を祈るしかありません。

日本人は敗戦の結果、何よりも経済繁栄を優先せざるを得ませんでしたが、敗戦による苦難を耐え忍びながらも、日本の伝統や文化を失いませんでした。

強く記憶に残っているのは、さまざまな産業におけるサービスの素晴らしさでした。とくに、新幹線の車内サービスの充実ぶりには目を見張りました。そこには、戦前の日本人が持っていた真面目さや細やかさがはっきり感じられました。

「いまの日本の若者はダメだ」という声も聞かれますが、私は決してそうは思いません。日本人には戦前と同様の美徳がまだまだ残っています。

たしかに表面的には緩《ゆる》んだ部分もあるでしょう。しかし、それはかつてあった社会的な束縛から解放されただけで、ほとんどの日本人は、いまも社会の規則を遵守し、モラルに従って行動しています。

私は東京から仙台に行く途中、あるいは日光に行く途中によく観察していましたが、日本人はみな礼節をもって行動していました。このような国民は他の国にはほとんど見当たりません。

社会的な秩序がきちんと保たれ、公共の場所では最高のサービスを提供し、清潔さを保っています。長い高速道路を走っていても、ゴミ一つ落ちていない。ここまでできる国は、国際的に見てもおそらくは日本だけではないでしょうか。やはり日本は一流国だと実感しました。

さらに、国民が自らをアジアの一員として見なすようになっていることもうれしい限りです。まだアジアのリーダーとしての自覚が不十分であるなどの不安な面もあるものの、日本人の知恵やモラル、そして技術など、これほど素晴らしい国はありません。台湾も、その他の国々も、もっと日本を見習うべきでしょう。

さらに私が感じたのは、日本人の国家や社会に対する態度が少しずつ変わってきたことです。かつて日本の若い人々に会ったときには、「自分さえよければいい。国なんか必要ない」という考え方が強かったような印象を受けました。しかし最近はそれが大きく変わり始めたことを感じます。

戦後の忍耐の時期をへて、日本は経済発展を追求するだけでなく、武士道精神に基づく日本文化の精神面が強調され始め、日本文化の持つ、いわゆる社会精神的な面がいま非常に高く評価されつつあります。数千年にわたり積み重ねてきた日本文化の輝かしい伝統は世界の人々から篤い尊敬と信頼を集めている。オバマ大統領の最敬礼はその表れです。日本を尊敬しない国は、中国と韓国だけなのです。

日本文化とは何か。あらためて言いますが、それは高尚な精神と美を尊ぶ、いわゆる美学的な考え方を生活のなかに織り込む心の混合体です。それこそが日本人の生活であり、日本文化です。

福澤諭吉の『学問のすゝめ』は、日本文化の新しい一面を強調していますが、それも、日本文化の伝統を失わず、維持されたものと言えるでしょう。

日本人が「日本精神」を失わない限り、日本は世界のリーダーとして発展していくことが可能だと信じています。

一青年からの手紙に見た日本人の精神文化

この章の最後に、日本の一青年から受け取った感動的な手紙を紹介したいと思います。

私は台湾の将来に対して、国家の自主性を維持しつつ、産業構造の改善を進めることを長らく主張してきました。それはエネルギー再生を主要産業とする経済改革です。

そのため、エネルギー再生に関する研究室を新設しました。研究員として日本から学者を招聘すべく、候補に上った三人の学者を台湾に招き、研究室など、研究環境を見てもらいました。三日間という短い滞在ながらも有意義な時間を過ごした後、彼らは帰国しましたが、そのうちの一人の青年から、以下のような丁寧な手紙を受け取りました。

便箋七枚にびっしりと、心を込めて書かれたその文面を何度も読み返し、私は感激で胸がいっぱいになりました。

私はそこに、日本人の精神、日本文化の伝統、そして品格を見たのです。まずは、その手紙を読んでいただきましょう。

李登輝先生

謹啓

台湾にて閣下とご家族に拝謁できましたことは、至上の光栄でありました。奥方様も決して体調が優れない中、御臨席賜り恐縮のかぎりです。また、美しい坤儀様にお目通り叶いましたことも大きな喜びでありました。若輩たる私への過分な歓迎に心より御礼申し上げます。誠にありがとうございました。

先日、雪の降り積もる日本に戻って参りました。帰りの機中においても、高ぶる心を静めることができないほどに、素晴らしい時間を過ごさせていただきました。見学させていただきました研究室は、私の想像を遙かに凌駕し、正しく私の理想そのものでした。これまで、決して十分とは言えない環境で毎日過ごしてきた私にとっては、あらゆる設備を備えた広大な実験室は、夢に思い描いていたような世界でした。一度でもこのような環境に身を置いてみたいと切望して参りました。何より、多くの方々のご支援が受けられることこそが、私が渇望してきたことであり、正に桃源郷と比すべき環境でありました。閣下より直々に台湾へ来るよう御言葉を頂戴し、直ちに台湾へ移り住み、自分の思うままに研究を進めてみたいという抑えきれない高揚感を感じました。然れども、日本に帰国した後、心を静めて熟慮した末、以下二点の事由から、此度の機会を辞退致したく申し上げます。

第一に、私はエネルギー再生を志す学生である前に、独りの日本人であります。常々、大学を卒業し、社会に出た暁には、日本のために働きたいと考えてきました。確かに、研究面に於いては、エネルギー再生は国からの支援を受けることは出来ませんでした。しかしながら、大学において学問を修めるに当たっては、日本国政府からの奨学金を受給して参りました。この奨学金は将来の日本への貢献を期待されて支給されたものです。

また、研究において最も苦しかった時期には、幸運にして、民間の財団から、奨学金を受給することができました。この奨学金もまた、資源に乏しい日本の立国とは、即ち技術立国に他ならないとの理念から、研究分野に関わらず、科学技術を志す学生に支援を続けてきたものです。私はこの奨学金を受給できたことで、エネルギー再生の研究を継続することができ、さらには、この奨学金を元に出席した国際学会に於いて、現在の指導教員に巡り合うことができ、今の大学へと進学する機会を得ました。現在、私が博士の学位を得ることができたのも、この奨学金のお陰であると考えています。従いまして、これまで受給してきた奨学金の恩に報いるため、その財団の高邁な志を実現すべく、日本の立国へ微力ながらも尽力したいと考えております。

また、奨学金のみならず、今日の私があるのは日本の社会、制度の賜物であると考えています。生活環境や、治安、福祉、経済的な豊かさなど、学問とは関係ない分野においても私が享受できた恩に対して、今後、科学技術の発展を通して報いていかなければなりません。その責務を果たさずして、直ちに台湾へ移り住むことは、いかに閣下の御意向と雖《いえど》も、受諾することは叶いません。まずは、日本の為に我が微力を尽くし、その責務を果たした後に、再び閣下よりお声を掛けていただく機会あらば、その時こそ、自分自身の望みに従って、エネルギー再生の進展に全霊を尽くしたいと存じます。

第二に、此度の研究環境は若輩たる私にとって、過分な待遇であると存じます。出資者の某先生より、出会いこそが運命を切り開いていくとの御言葉をいただきました。確かに、これまで十分な支援を受けることができず、もがき苦しんできた我々エネルギー再生関係者にとって、此度の出会いが、運命を大きく切り開く一大転機となることを確信しております。然れども、私にはこの邂逅が天命であるとはどうしても思えません。

エネルギー再生の研究者は、これまで皆無にほぼ等しい支援しか受けることができませんでした。しかし、そのような不遇の中にあって、この二十年間に多くの成果が積み重ねられたのは、偏《ひとえ》に研究者の不断の努力によるものです。困窮する環境の中、学会を先導してこられた先生方が重ねてきた努力は、私には及びもつかないものです。エネルギー再生の研究を継続できず、職を追われた後、自ら資金を得て研究所を設立すべく、半導体基板の会社を起業した先生もおられます。既に一億円以上の資金を得て、研究所の設立へ邁進《まいしん》しておられます。

そもそも、私がエネルギー再生に身を投じたのは、現象そのものへの興味ばかりではなく、かような先人たちの堅忍不抜の高邁《こうまい》な志に胸を打たれたからに他なりません。先人が大変な苦労を重ね、現状を打破しようと暗中模索している最中に、私だけがそれを出し抜き、幸運を享受することは決してできません。

エネルギー再生に限らず、日本国内には必死に働きながらも、苦しい生活を強いられている方々が大勢おられます。このような方々は、私などよりも遙かに辛い現状に身を置いています。なんら苦労すること無しに、運のみで富と権力を得ることには大きな抵抗を感じています。

先般の奨学金を得て、現在の大学の先生に巡り合えた事例とは異なり、此度の出会いには、私の努力によって出会いが切り開かれたという必然性が存在せず、単に運によってのみ支配されています。また、私のような若輩では、与えられた厚遇に甘んじ、努力を怠り、次第に初志が薄れていくであろうと存じます。いずれ、私が何事かを成し遂げ、名をあげ、自らの実力によって、閣下に拝謁する機会あらば、その時こそ閣下の御支援を賜り、エネルギー再生の潮流にこの身を投じることが天命であると存じます。

今、この大空へ飛翔していく機を逸することは、私の人生にとって機を逸するのみならず、寧《むし》ろ大きく後退することは重々承知しております。今後、生涯を通じて、これほどの絶好機は二度と訪れないでしょう。然れども、私にとっては、人生の成功よりも、日本人としての誇りと志を堅持することこそが本懐《ほんかい》であります。

某先生からは日本独特の思想が理解できないと伺いました。閣下におかれましても、私の心の内を察することは難しいかと存じます。おそらくは、日本人の精神性に深く関係しているのかもしれません。

閣下の御意向に沿うことができず誠に申し訳ありません、何卒、私の心情を御理解いただきたく、お願い申し上げる次第です。今後、台湾に常駐することは叶いませんが、教授から受けた恩に報いるためにも、できうる限りの支援は惜しまない所存です。半年に一度か、一年に一度は、台湾の研究室を訪れ、実地において協力することもあろうかと存じます。僅かながらも私の貢献が閣下の御希望を満たすものであれば、望外の喜びです。

若輩たる私に台湾に来るよう、閣下より直々にお言葉を頂戴しましたことは、生涯忘れません。今後、閣下のみならず、御家族、御関係者、また台湾国民の方々に対して、このご恩に報いていくことを、ここに堅く誓約致します。日台友好に微力ながらも尽して参りたいと存じます。

此度の過分な歓迎は誠に恐縮のかぎりです。僭越ながら、粗品を承知で此度の御礼に日本の飴を同封致します。末筆ながら、閣下の御健康と台湾の弥栄《いやさか》を祈念しております。

謹白

平成二十一年三月十二日

この手紙には、台湾に招かれたことに対する感謝の気持ちが礼儀正しく綴られています。また、日本におけるエネルギー再生の研究に数々の困難と苦労があるなかでかなりの成果を上げていることに対し、日本という国、社会の人々、研究に従事している先生、同僚への感謝も十分に述べられています。

彼の心には日本精神が脈々と生きていると言っていいでしょう。

まず、数千年にわたって日本を根幹から支えてきた、気高い形而上的価値観と道徳観を彼は持っています。国家の将来に関心を払い、清貧に甘んじながら、人間として、どう生きるべきかを彼は語っています。公に奉ずる精神を第一とし、個人の栄誉を顧みない考え方は、日本人でなければできないものです。

そして、自国の文化に貢献したいという意思のなかに、「進歩」と「伝統」が十分に表れています。ここにこそ日本精神の本質としての「公義」がある。

人類社会は、好むと好まざるとにかかわらず、「グローバリゼーション」の時代に突入しています。そのような世界の情勢のなかでは、ますます「私は何者であるか」というアイデンティティが重要なファクターになってきています。その意味において、日本精神の持つ道徳体系を、彼が持っているということに私は頼もしさを感じます。

こうした青年がいるかぎり、私は日本の将来は輝かしいものであると信じて疑いません。

第七章

これからの世界と日本

「Gゼロの世界」

第二次大戦後の荒廃のなかで、唯一の超大国として存在感を増したのが、経済的に破綻を免れたばかりか、急激な成長を示すことになったアメリカでした。一九九一年にソ連が崩壊し、東西冷戦に勝利してからは、アメリカは単独覇権国家になったかのように見えました。

しかし、二〇〇一年九月に起きた九・一一テロは、それまでの世界秩序を一変させました。これはアメリカ一極集中の時代が終わり、各国に力が分散される時代の始まりを告げる大事件であったと言っていいでしょう。

アメリカではすでにITバブルが弾け、景気は後退局面にありましたが、この同時多発テロが金融面に衝撃を与え、さらに問題を悪化させました。その後、低迷を続けたアメリカ経済は、二〇〇八年のリーマン・ショックによって決定的な打撃を受けた。もはやアメリカ単独で世界を引っ張っていく力はなくなりました。

かつてはアメリカ、日本、フランス、イギリス、ドイツの先進五カ国、いわゆるG5が世界経済を牽引《けんいん》し、さらに一九七五年にイタリアが、次いで七六年にカナダが加わってG7となり、サミット(先進国首脳会議)を開催して世界の方向性を決めていた。そのリーダーがアメリカでした。九七年からはロシアが参加して、G8となりました。

ところが、二〇〇八年の金融危機を境にこれらの国々も力を失い、代わって中国、インド、ブラジルなど経済成長の著しい新興国の発言力が強くなってきた。そうして、これらの新興国が加わって、ついにG8からG20が国際政治について議論を闘わせるようになったのです。

こうした国際秩序の多様化は、アメリカの代わりにグローバルなリーダーシップを引き受ける能力と経済力を持つ国、もしくは組織がなくなったということです。グローバルなリーダーの不在、つまり国際秩序が崩壊したとも言えるでしょう。それぞれの国内事情を抱え、利害を異にする二十もの国が集まってあれこれ議論したところで、統一した方向性など見出すべくもありません。アメリカの政治学者イアン・ブレマーは、それを「Gゼロ」の世界と呼んでいます。

新興国家には、アメリカとその同盟国が持っていたリーダーシップを引き受けるだけの経済力も能力もない。急激な経済発展を遂げ、日本を追い抜いてGDP世界第二位の経済大国となった中国を新たなリーダーとして期待する声もアメリカにはありました。つまり、アメリカ・中国の「G2」というわけです。

しかし、二〇一〇年九月に、当時の首相だった温家宝《おんかほう》が、「中国はいまも社会主義の初期段階にあり、発展途上国であることに変わりはない」と国連総会で演説したように、中国にその気はありません。中国の指導者たちは、そのような重い役割を引き受ける態勢ができていないし、当分、そうはならないだろうと言っている。

ブレマーは、著書『「Gゼロ」後の世界』(北沢格訳・日本経済新聞出版社)のなかで、次のように書いています。

〈だからこそ、Gゼロ世界において、中国の発展が予測可能な経緯をたどる見込みは、主要国の中で一番低い。インド、ブラジル、トルコは、過去一〇年間の成長をもたらした基本公式をそのまま使えば、あと一〇年は成長し続けることができるだろう。アメリカ、ヨーロッパ、日本は、長い成功の歴史を持つ既存の経済システムに再び投資することだろう。中国は、中産階級が主流となる近代的大国をめざす努力を続けるために、きわめて複雑で野心的な改革を推進しなければならない。この国の台頭は、不安定、不均衡、不調和、持続不可能だ――中国共産党指導部は、次の発展段階を迎える中国の舵取りをする自分たちの能力が、確実とはほど遠いものであることを承知している。〉

ブレマーによれば、中国はいまだ「自分たちは貧しい」と言い、世界のリーダーとしての責任を果たすことを忌避《いひ》している。IMF(国際通貨基金)やWTO(世界貿易機関)をつくったのは西欧ではないか、というのが中国の言い分です。しかし一方で、中国にはそれらに代わる新たな体制を創りだす能力がない。そこで周辺国への内政や領土への干渉を繰り返すことによって、自分たちの力を誇示しているのです。

いかにGDPがアメリカに次ぐといっても、中国の人口は十三億を超えますから、一人当たりのＧＤＰは六千ドルにすぎず、イラクより少ない。日本の八分の一にしかなりません。中国は内需の拡大をめざしていますが、貧富の差が極端で、消費は低迷したままです。総人口の〇・一パーセントにすぎない富裕層が個人資産の四一パーセントを独占し、中産階級も約二千五百万人、二パーセントでしかありません。これでは国内需要は伸びない。

貧富の差が激しく、不動産バブルも崩壊寸前です。賄賂で稼いだ資産を外国に移していた役人も中国から逃げ出しています。激しい反日デモや、信じられないほどの環境汚染のせいで、外国資本も撤退を始めました。中国には、とてもよそに目を向けている余裕はありません。国際秩序どころか、国内秩序が揺らぎ始めている。

そもそも社会主義という政治システムや、中華思想的なやり方で世界をリードしていくのは不可能です。国際社会における利害、安全保障についての考え方がまったく違う。

同時多発テロの直後、アメリカはテロリストたちを匿《かくま》うアフガニスタンを攻撃し、これを「新しい戦争」と位置づけました。イギリスやフランス、ドイツといったＮＡＴＯ（北大西洋条約機構）諸国もこの戦争に参加し、世界が新たな秩序に向けて動き出したとき、中国もこの動きに同調して反テロの姿勢を示しました。しかし、中国の考え方はＮＡＴＯ諸国とはまったく違っていました。

反テロを表明する裏には、自分たちの行為を正当化しようという狙いがあった。新疆《しんきょう》ウイグル自治区やチベットに対する弾圧を、国際テロに対する攻撃という論理で正当化したい。自国の統治を正当化するためにあのテロ事件を利用していたのです。

アフガニスタンでアメリカの影響が増すことは本来、中国にとって望ましいことではありません。アフガニスタンの周辺国であるウズベキスタンなどの中央アジア諸国は、中国の〝裏門〟にあたるうえ、膨大なエネルギー資源の眠る〝宝の山〟でもある。そう考えれば、この地域でもやがて中国は暴走するかもしれません。一見、アメリカに協調するような姿勢を見せる場合には、その動機を読み解く必要があります。

中国の本音は、新しい世界秩序をつくることにはない。中国人の考えにあるのは、太平洋の半分はわれわれが握る、尖閣諸島や台湾まで自分たちのものだということです。

平成維新のための「船中八策」

こうしたGゼロ後の時代に日本はどういう方向をめざすべきでしょうか。

まず言えるのは、アメリカとの関係がますます重要になってくるということです。とはいえもはやアメリカに守ってもらおうという弱者のような態度ではいけない。より密接で、対等な日米同盟でなくてはなりません。

対中国問題では現在のアメリカは腰が引けています。中国が一方的に定めた防空識別圏についても、安倍総理の強硬な姿勢に同調しながら、バイデン副大統領は習近平に対して「懸念」を表明しただけで、明確な破棄要求はできませんでした。そういう状況を見ても、日本はアメリカから〝独立〟した存在でなければならない。

京都大学の名誉教授、中西輝政《てるまさ》先生は、国が発展するのに必要な条件として、次の三点を挙げています。

第一に人民の団結。

第二に国家としての発展の目標。

第三は指導者。良い指導者を持つ。

この三つがそろっていない国は没落すると中西先生は言っています。

日本はかつて、国家存亡の危機にあたり、西洋文明と日本文明を融合させ、明治維新という世界史上例を見ない偉業を成し遂げて国難を乗り越えました。坂本龍馬のような若者たちが立ち上がり、リーダーとなって日本を導いたのです。彼らには、日本という国家をどのように発展させるかという目標がありました。

政治は常に改革され続けなければなりません。日本はいま、明治維新以来、最大の改革をしなければならない状況にあると思います。いまこそ平成維新を起こさなくてはなりません。

これまで述べてきたことのまとめとして、私は日本の皆様に坂本龍馬の「船中八策」をいま一度提唱したいと思います。

言うまでもなく、明治維新の時代と現在とでは政治、社会、経済、外交のいずれも事情は大きく異なっています。しかし、「船中八策」を再検討し、道標とすることで、今日の日本国民が誇りと自信を持って、現実的実践による改革を進めることができると私は考えています。

以下、「船中八策」になぞらえて、私の意見を述べたいと思います。

第一議　天下の政権を朝廷に奉還せしめ、政令宜《よろ》しく朝廷より出づべき事

これは王権の所在を正さねばならないということを示しています。

戦後の日本は自由主義国家として新たなスタートを切りました。しかし、その足跡を見る限り、政治家と官僚と一部の業界団体が癒着する既得権政治が横行し、真の意味で国民主義が確立しているとは言えないように思います。

官僚主導の政治を許している原因は、総理大臣のリーダーシップの弱さにあるような気がします。日本の総理大臣は、アメリカ合衆国の大統領や台湾の総統のように、国民の直接投票によって選ばれていません。総理大臣の政策実行力が弱いのは、国民の直接的な支持を得ていないことによるのではないでしょうか。

しかも、志ある人々が国会議員になることは容易ではありません。その典型が世襲議員

です。彼らは父親から、能力の如何《いかん》を問わず、地縁、血縁を受け継ぎ、周囲から担ぎ上げられることで議員になっています。

日本という国をよくしたいという使命感、世界に貢献する国にしたいという強い志から政治の道に進むのではなく、単なる職業とか、家業として政治の道に入る議員が多いような気がします。

このような状況は「主権在民」という民主主義の原則に反しているとも言えます。また、それゆえ、たとえ総理大臣になっても、総理になること自体が目的だったため、それから先は何をしていいかわからないということになる。志も能力もなく、国民の期待に応えることができない。

国民の意思とは無関係に選ばれる総理大臣では国際社会に対して自信に満ちた発言や提案をすることはできないでしょう。現在、日本の政治家が世界各国から必ずしも尊敬されていない原因はこのあたりにあるように思います。

日本の有権者にポピュリズムに左右される傾向のあることを心配する声があることは承知しています。たしかに、できもしないマニフェストに騙されて、民主党政権を誕生させ、国を危うくしてしまったことは反省すべきでしょう。

しかし、一国のリーダーを選び、自分や家族の未来を委ねるとなれば、日本人は必ずや正しい選択をするはずです。

第二議　上下議政局を設け、議員を置きて万機を参賛せしめ、万機宜しく公義に決すべき事

龍馬は立法府について述べていますが、これは広い意味では「国のかたち」を論じたものと解釈できます。この点について、最大の問題と思われるのは、都道府県行政が、法的にも制度的にも、霞ヶ関官僚の意向にコントロールされており、地域のリーダーが十分に力を発揮できていないことです。霞ヶ関官僚体制、言い換えれば、中央集権体制から脱皮し、「新しい国のかたち」を創り上げる必要があるでしょう。

最近では、地域主権型道州制の議論が盛り上がりを見せているようです。いま四十七の都道府県がありますが、これは八州くらいでいい。一つの自治体を大きくして、予算を増やし、積極的な公共事業を行えば、人材不足も解消できます。補助金頼みの行政ではなく、各自治体が主体性を持ち、「国のかたち」を変えていくことが望ましいのではないでしょうか。

地域のことは各地域に任せ、権限も財源も移譲する。そして、それぞれが自主独立の精神で独自の政策を行う地域主体の発想が不可欠です。

第三議　有材の公卿・諸侯及び天下の人材を顧問に備へ、官爵を賜ひ、宜しく従来有名無実の官を除くべき事

資源を持たない日本にとって、最も重要なのが人材であることは言うまでもありません。

国家の未来を担う人材をどう育成していくかを、いま一度真剣に考えるべきでしょう。日本人は精神と自然を調和させ、独自の美意識を持った文化を生み出してきた。戦前の日本は、こうした独自の文化を背景に、品格と精神性を重んじる教育を行っていました。

これからの教育は高度な精神性や繊細な美意識という日本人の特質をさらに高めていくことを重視すべきでしょう。そのためには戦前の教育の長所を思い起こし、戦後のアメリカ式教育から脱却すること、つまり、日本本来の教育に移行していくことが必要です。

第一次安倍政権時代に教育基本法の改正がなされました。私はこれに大賛成でした。今後はさらに日本の伝統文化を受け継ぐ方向に教育を改正していくことが求められます。日本人の精神と美意識は世界に誇るべきものです。

第四議　外国の交際広く公議を採り、新《あらた》に至当の規約を立つべき事

現在の日本の外交は、敗戦のショックとＧＨＱによる徹底したプロパガンダ、そして日教組の教育による自虐的、かつ自己否定的な歴史観から抜け出せていないように思われます。反省は大事なことです。しかし、反省が過ぎて自虐的、卑屈になるのは愚かしいことと言わざるを得ません。自虐や卑屈の精神では、健全な外交はできない。世界中から嘲笑されるだけです。中国や韓国はそこにつけ込んで日本を貶《おとし》めています。

これまでの日本外交は、相手国の主張を唯々諾々と受け入れ、できるだけ波風を立てな

いようにしてきたように見受けられます。しかし、残念ながら、いくら謙虚さを示しても、外国人には理解されません。

それどころか、そのような態度はかえって自ら弱みを示すものとして軽んじられ、軽蔑されるということをしっかり認識しておく必要があるでしょう。いまこそ日本は自主独立の気風をもって、また、主体性をもって、どの国とも積極的で堂々とした外交を展開すべきです。

第五議　古来の律令を折衷《せっちゅう》し、新たに無窮《むきゅう》の大典《たいてん》を撰定《せんてい》すべき事

国家の基本たる憲法をどうするかは、今日の日本にとって大きな課題です。周知のように、現在の日本国憲法は英語で書かれ、日本語に翻訳させられたものです。つまり、戦勝国アメリカが日本を二度と軍事大国にさせないため、再びアメリカに刃向かわないようにと押しつけたものが、現在の日本国憲法です。

その第九条では日本の再軍備を禁止しています。そのため、日本はアメリカに安全保障を委ねることになりました。しかし、実際のところ、日本の自衛隊はさまざまな軍事行動をアメリカの必要に応じて要請されるようになっています。アメリカの都合でいいように使われているというのが実情ではないでしょうか。

それに文句も言わずに従っている日本政府に対して、心ある有識者たちは「アメリカに

ノーと言える」断固とした姿勢を求めてきましたが、日本の指導者たちはこうした意見に耳を貸さず、たとえ理解したとしても行動を起こす勇気のない、気骨の感じられない政治家ばかりでした。

日本が真に自立するためには何が必要か。

歴史をふまえながら、それを考えるとすれば、憲法問題を避けては通れません。しかし、これについてはあまり論じられないどころか、むしろ憲法改正に触れることは長くタブーとされてきました。「第九条があるからこそ日本は平和を維持している」といった意見も、左派の人々をはじめとして一部に根強くあるようです。

しかし、現実から目を背け、憲法問題を放置したり、無関心でいたりすることが、「日本人としてのアイデンティティ」を曖昧にし、国民の精神に悪い影響を及ぼしていると私は感じています。

六十年以上にわたって一字一句も改正されていないほうが、私にはむしろ異常に思えます。歴史は常に移り変わり、時代は変化し、日本、および日本国民が置かれている状況も異なってきているにもかかわらず、国家の根幹たる憲法を放置していては、日本という国家は遠からず、世界の動きや時代から取り残され、衰退を強いられるのではないでしょうか。

安倍総理は憲法改正を最終目標にしているはずですが、これについてはぜひ時間をかけて国民に説明し、タブーと批判を乗り越えて実現していただきたいものです。

第六議　海軍宜しく拡張すべき事

近年、海洋国家である日本が直面する国際情勢は急速に変化しています。アメリカの一極支配の時代が終わり、何カ国かの地域大国がしのぎを削る世界に移りつつある。とくに西太平洋の主導権争いは中国の軍事的膨張と実力行使により、緊迫の度合いを深め、アメリカにも大きな負担を強いています。

こうした状況下、日米同盟をいかに運用していくか、日本がどのような役割を担うべきかが、あらためて問われています。国内問題で手いっぱいに見えるアメリカに、あまりに多くを期待してはいけません。アメリカとの間で、率直な対話に基づく対等なパートナーシップを築くことを考えるべきでしょう。

日米関係の重要さを前提としつつ、日米同盟のあり方をいまこそ根本的に考え直す必要があります。

第七議　御親兵を置き、帝都を守衛せしむべき事

これは防衛の重要性を述べたものです。ここでは日本の防衛問題にも深いかかわりを持つ台湾の動向について述べることにしましょう。台湾の変化を見逃すと、日本にとっての

思わぬ危険が生じるからです。

私が総統時代に掲げた「台湾人としてのアイデンティティの確立」に基づいて、台湾は民主化と近代化に向けて大きく舵《かじ》を切りました。しかし、残念ながら、二〇〇〇年以降の四回にわたる総統選挙で、台湾の民主化は進歩どころか、後退してしまっています。

第二章で紹介した、ハンチントンが指摘したような民主化への反動が生じ、民主主義に逆行する保守派が政権を掌握して、中国的な皇帝型統治による腐敗が続き、政府によって国民の権利が侵害されています。「台湾人としてのアイデンティティ」を否定する中華思想の浸透も行われています。いま、台湾が「親中」に傾き、そのアイデンティティが揺らぎ始めていることは間違いありません。

二〇〇九年八月、台湾南部では台風による大水害がありましたが、その対処に見られるように、台湾の現政権は国民を心から思う政治を行っていない。私はいま、これを非常に憂えています。

私は台湾にとってはもちろん、日本の繁栄と安全を確保するためにも、日台の経済関係を安定させ、文化交流を促進し、日本と台湾の間の心の絆を固めることが不可欠と考えています。日本の指導者は、崩れつつある日台関係の再構築強化に、積極的に力を注いでいただきたく思います。

日本が台湾を軽視するようなことになれば、それはたちまち、日本という国家を危うくするでしょう。このことを常に認識しておく必要があります。地政学的にも台湾は日本の命運を握っていると言っても過言ではない。これについても、日本の指導者はより真剣に考える必要があります。「木を見て森を見ない」外交政策は、日本に重大な問題をもたらすことになるでしょう。

第八議　金銀物貨宜しく外国と平均の法を設《もう》くべき事

いま、安倍総理は大胆な経済政策、「アベノミクス」を進めています。私はこれに大きな期待を寄せています。デフレから脱却し、「失われた二十年」を取り戻すことによって、日本は大きく生まれ変わるはずです。

日本は莫大な個人金融資産を抱える国です。この金融資産が投資資金として市場にきちんと流れる道筋をつくることがぜひとも必要でしょう。そのためには国民の将来への不安、すなわち老後の不安を解消させることが求められます。医療や年金、介護などの「老後安心政策」を明確に打ち出すべきでしょう。そうすれば、高齢者は安心して個人の金融資産を市場に提供するようになるからです。加えて、日本国内だけでなく、海外に対する投資も進めていかなければなりません。それにより、日本は世界経済に大きな貢献をすることになるはずです。

若者に自信と誇りを

私は日本人に向けての講演で、坂本龍馬をしばしば取り上げます。それは日本の歴史と文化を誇りに思い、平成維新に立ち上がってもらいたいという願いを込めてのことです。いまこそ日本人は自信と誇りを取り戻さなくてはいけません。

第三議で述べた教育について繰り返しますが、戦前の教育は、実践躬行《きゅうこう》の精神が息づいていたと思います。それが敗戦後、まったく忘れられていました。教育は国家の百年の大計です。日本人は歴史と文化をもう一度見直し、実践躬行の精神を取り戻してもらいたいと思います。

いまの日本の若い人たちがかわいそうなのは、「昔の日本は悪いことをした。アジアを侵略した悪い国だった」と一方的な教育を受けていることです。日本は世界各国から批判されてしかるべきだと思い込み、自信を失っています。

こんなバカなことはない。昔は昔、今は今。どちらも大切です。昔がなければ現在もない。そういうところから教育を始めていかなければならない。日本を批判しているのは中国と韓国だけで、それもまったく身勝手な、自分たちの都合によるものです。

私は台中の日本人学校へ行って講演をしたことがあります。一九九九年の大地震では、台中日本人学校の校舎も倒壊しました。地震発生から数日後、私は学校を視察に訪れました。到着すると、校長先生やたくさんの保護者に出迎えられました。総統が視察に来るというのを聞きつけて、一日も早く学校を建て直したいという思いを訴えるために待っていたというのです。

そこで私は校長先生に対してひと言だけ「わかりました」と答えました。しかし校長先生はキョトンとしている。日本の教育を受けた私にとって「わかりました」という返答はすなわち、「必ず実行する」という意味なのです。

その夜、総統府に戻った私は早速関連部署に指示し、代替地を探させました。結果、製糖会社が所有していた国有地を新しい学校の建設地として決定し、数日後には台中日本人学校に通知したのです。

新しく建てられた日本人学校の落成式典に私は招待されたものの、出席はあえて見送り、家内に代理として行ってもらいました。私が出席することで「また李登輝は日本贔屓《びいき》をしている」と、無用な批判が起こるのをさけたのです。

その後何年かして、再び招待を受けたためこの日本人学校に行き、生徒たちを前にスピーチしました。日本統治時代の台湾はどうだったかといったような内容でした。

生徒たちに聞いてみると、日本の学校では、「日本は台湾を植民地にして人民を搾取して苦しめてきた」と教えられているというのです。それは真っ赤な嘘です。

私は生徒たちにこう語りました。

児玉源太郎第四代台湾総督の民生長官だった後藤新平がわずか八年七カ月で、台湾をあなた方が考えられないくらい近代的な社会につくり上げて今日の繁栄の基礎を築いた。台湾を近代化し、経済を発展させるために最初にやったのは、仕事のできない日本人の官吏一〇八〇人をクビにして日本に送り返すことだった。こういうことはよほどの覚悟と決心がないとできないことです。そうして各方面から有能な専門家を台湾に集めた。皆さんもよく知っている新渡戸稲造、台湾でいまだに最も尊敬されているダム技師の八田與一をはじめ、数多くの能力のある日本人が台湾のために働いた。そのおかげで現在の台湾がある。

こういう話をしたら、講演後、中学二年生だったと思いますが、代表の生徒が「きょうのお話を聞いて、自信が出ました。いままでは街を歩くとき、なんだか肩身の狭い思いをしていましたが、明日からは胸を張って歩きます」とうれしそうに言うのです。私もうれしくなって、「がんばりなさい」と励ましました。

私が思うに、いまの日本人は、日本とは何かということを真剣には考えていない。日本には日本なりの考えと事情があって外国と友好関係も結び、戦争もした。国際社会のなかで主体的に生きてきたという意識があまりないのではないでしょうか。

私は終戦後の日本人が価値観を一八〇度変えてしまったことを非常に残念に思うのです。今日の日本人は一刻も早く戦後の自虐的価値観から解放されなければなりません。そのためには日本人はもっと自信を持ち、かつて武士道という不文律を築き上げてきた民族の血を引いていることを誇るべきです。そうして日本人としてのアイデンティティを持つことで初めて、日本は国際社会における役割を担うことができる。

すでに何度かお話ししたように、私は台湾人としてのアイデンティティをどう築き上げるかを総統時代にずっと考えてきました。それは政界を引退してからも私の大きなテーマです。そのため、私はいまも毎年、いわゆる李登輝学校を開き、台湾の歴史・地理・文化・芸術などをまとめた教科書をつくって、若者の教育を行っています。

大切なのは台湾の歴史を知ることです。歴史を知れば国に対する愛着が生まれる。また、台湾が直面している問題についての議論を行っています。こうしたことが台湾人としてのアイデンティティを高めるための第一歩になる。

さらに、日本人を対象とした「日本李登輝学校台湾研修団」も開催しています。日本の方にもっと台湾の歴史や台湾との関係を知ってほしい、という気持ちからです。日本における私の支持団体である日本李登輝友の会が主催して、毎年春と秋の二回に行い、駐日大使経験者や大学教授など、台湾でも一流の講師陣に来てもらって日本語で講義してもらいます。もちろん最終日には私が講義をします。

二〇一三年秋でちょうど二十回を数えた日本李登輝学校の卒業生も延べ八〇〇人近くとなりましたが、若者の参加も目立ちます。卒業生たちはみな、李登輝の分身です。日本に私の分身がどんどん増えて、日台関係の緊密化に貢献してもらえるなら、私はいつでも皆さんの前でお話ししたいと思っています。

改革を成しとげるためには若い人々が志を持って行動することが不可欠です。そのためには、まず教育です。若者が誇りと自信を持てるような教育を行わなければならない。素晴らしい日本を築くために若い人々が立ち上がり、行動を起こすことを、私は心から期待しています。

加えて、東アジアのいっそうの安定と平和のために、台湾と日本のさらによい関係を構築していただきたい。日本の若い人々が積極的に台湾の若者たちと力を合わせ、アジアと世界に貢献してくださることを願っています。

おわりに

二〇一一年十一月、私は大腸癌の手術を受けました。その数日前の定期健診で癌が見つかり、私はその日の夜には医師団に対し「開腹手術をしてほしい」と伝えました。医師団は私の年齢や体力を慮《おもんぱか》ってか内視鏡による手術を提案してきましたが、問題を発見したら、その根本となるものを徹底的に取り除くというのが、私の人生を通じての一貫した姿勢です。そのため、癌細胞を完全に取り去るためには開腹手術しかないと考えての決断でした。

無事に手術を終え、病院のベッドの上で私が日々考えていたのは台湾に関する二つのことでした。ちょうど二カ月後には総統選挙が行われます。誰が当選しようとも、台湾が目下直面している経済問題をいかにして解決に導いていくのか。そしてもう一つは、台湾の政治改革がこれからどこへ向かうのかということでした。

台湾の経済については、指導者の能力、中国との関係そして国際経済の動向に依《よ》るところが非常に大きく、とりわけ指導者が無能であれば国家の発展が滞るのは明らかです。それゆえに、本書で何度も強調したように、国家あるいは地方自治体の指導者の選択は非常に重要なのです。

また、もう一つ気にかかっていたのが台湾の政治改革が停滞していることでした。例えば、ここ数年、中央政府の組織再編が進められましたが、結局は省庁が形式的に合併されたにすぎず、行政機能や効率が向上したわけではありません。さらに、地方分権が不十分であるために、地方の発展や地方自治が機能不全を起こしているのです。

この二十年を振り返ると、私が総統在任中の十二年間を通じて進めた台湾の民主化は一定の成果を上げたと言えるかもしれません。現在、台湾社会には自由や民主主義、人権といった概念が定着し、言論や報道の自由も保障され、一見して台湾は完全な民主国家として確立されたかのように見えます。しかし、いったん台湾社会の内部に目を向けてみると、その民主化の水準は必ずしも完全に達成されたとは言えず、台湾は「第二の民主改革」が必要とされているのです。

台湾は、過去に「反共大陸」を党是とした国民党独裁時代の名残りが未だ色濃く残っている部分があります。つまり権力や財源、福利などが余りにも中央集権化されてしまっており、その結果、地方自治制度が不健全なまま取り残されています。民主化の推進も、直接的には地方の発展にまでは寄与しなかったとも言えるかもしれません。この問題は長い間、私の心に刺《とげ》のように突き刺さっていたのです。

現役総統の時代から「現場主義」をモットーとしてきた私は、退院してから半年の静養をへて、二〇一二年四月に台湾南部の高雄と屏東《へいとう》を訪れたのを皮切りに、「生命の旅」と題して台湾の地方を歩いてまわる旅を始めました。二〇〇〇年に総統を退任してから十年以上が経ったものの、台北を離れてじっくり観察する機会が叶わなかった地方の様子をこの目で見て、人々の声を直接聞きながら確かめる必要があったのです。

途中、体調を崩し、動脈へステントを入れる手術をしたこともあって中断しましたが、二〇一三年十一月に花蓮《かれん》港と宜蘭を訪問したことで一応台湾を一周して見ることができました。

太平洋沖に浮かぶ緑島にまで足を延ばした数度にわたる視察を通して私が感じたことは、台湾の地方が余りにも疲弊《ひへい》していることでした。

この「生命の旅」では、農民との対話を重ねたり、学校や福祉施設を視察するなど、様々な分野に従事する人々の生の声を聞くことに多くの時間を費やしました。それによって台湾の地方発展における問題はどこにあるのかを見極めると同時に、その問題を解決する方法と未来の方向性を人々とともに探りたかったのです。

台湾の民主化から二十年近くが経過した現在でも、過度の中央集権と地方の疲弊という状況が依然として改革されておらず、地方経済の衰退や指導者の不在、人材流出などを考えると、その抜本的改革は急務と言えるのです。

台湾の地方をひと通り見て歩いた結果、私は一つの結論を得ました。それは、地方自治の健全化を実現しなければ、台湾の民主化をよりいっそう深化させることはできず、台湾は「第二の民主改革」を進めなければならないということでした。

そこで私は二〇一三年秋から数回にわたり「健全な地方発展と地方自治に関するシンポジウム」を開催し、多くの学者や専門家、実際に地方自治にかかわる政治家を招いて討論を重ねたのです。

台湾の人々は、ある意味では、選挙における投票という権利を手に入れたことだけを取り上げて、民主化が達成されたと満足している部分がありますが、それだけでは不完全です。前述した旧態依然の構造改革をスタートさせると同時に、優秀な指導者を養成し、さらなる民主化を深化させる必要があるのです。

シンポジウムでは、中央政府の効率化と地方自治体の権限、資源配分の合理化、国営事業の民営化による自由競争の導入など多岐にわたる分野に渡って討議が行われ、最終的に十項目の具体的目標が提言されました。次は、これらの提言をいかにして実現させるかという問題であり、「台湾第二の民主改革」はまだ端緒を開いたばかりです。

台湾の民主化がスタートしてから長い時間が経ち、社会における商工業の発展や、科学技術の進歩による情報の透明化が進み、人々の公民意識が徐々に向上したことで、中央集権という仕組みはもはや国民生活の需要を満たせなくなってきています。

政府が現状を打破し、地方自治体の健全化や、中央政府から地方自治体への権限移譲による効率化を推進すれば、結果的に人々の生活を満足させ、彼らが直接地方自治にかかわる機会を増加させることになるでしょう。これぞまさに地方自治における台湾の民主化の実現にほかなりません。それにより、台湾の民主主義はさらなる深化をとげ、ますます成熟していくと私は確信しています。

私は今年一月、九十一歳の誕生日を迎えました。残された時間があとどれほどあるか分かりませんが、私は台湾と人民のために残りの人生を「第二の民主化」に捧げるつもりでおります。「私」を捨てて「公」に尽くすという、私の人生哲学である「私は私ではない私」を全《まっと》うする覚悟です。

拙著を通じて、日本の皆さんが台湾により大きな関心を抱き、台湾への理解を深めていただけるなら望外の喜びです。

本書を上梓するにあたり、何度も台北の拙宅やオフィスへ足を運び、多くの資料を整理してまとめて下さった株式会社ウェッジ顧問の立林昭彦氏、取締役書籍部長の吉村伸一氏に心より御礼申し上げます。また、私の日本人秘書早川友久の協力があったことを付記しておきます。

二〇一四年四月

李登輝

主要資料・引用文献

◉李登輝・加藤英明『これからのアジア』光文社　一九九六
◉伊藤潔『李登輝伝』文藝春秋　一九九六
◉李登輝『台湾の主張』ＰＨＰ研究所　一九九九
◉李登輝・中嶋嶺雄『アジアの知略 日本は歴史と未来に自信を持て』光文社　二〇〇〇
◉李登輝『李登輝 台湾大地震救済日記』ＰＨＰ研究所　二〇〇〇
◉上坂冬子『虎口の総統 李登輝とその妻』文春文庫　二〇〇一
◉細野浩二『永久の生命　夏目漱石と類似のもの』近代文芸社　二〇〇二
◉李登輝・小林よしのり『李登輝学校の教え』小学館文庫　二〇〇三
◉李登輝『「武士道」解題　ノーブレス・オブリージュとは』小学館文庫　二〇〇六
◉李登輝・中嶋嶺雄『李登輝実録　台湾民主化への蔣経国との対話』産経新聞出版　二〇〇六
◉日本李登輝友の会編『李登輝訪日 日本国へのメッセージ』まどか出版　二〇〇七
◉司馬遼太郎『街道をゆく40　台湾紀行』(新装版)朝日文庫　二〇〇九
◉日本李登輝友の会編『誇りあれ、日本よ　李登輝・沖縄訪問全記録』まどか出版　二〇〇九
◉黄文雄『哲人政治家 李登輝の原点』ワック文庫　二〇一一
◉李登輝『日台の「心と心の絆」　素晴らしき日本人へ』宝島社　二〇一二
◉李登輝『新版 最高指導者の条件』ＰＨＰ研究所　二〇一三

李登輝（り・とうき、Lee Teng-hui）

一九二三年台湾生まれ。元台湾総統。農業経済学者。米国コーネル大学農業経済学博士、拓殖大学名誉博士。京都帝国大学農学部を終戦のため中退。台湾大学に編入・卒業。台湾大学講師、米国アイオワ州立大学大学院を経て、中国農村復興聯合委員会顧問、台湾大学教授。七一年国民党入党、七二年行政院政務委員として入閣。台北市長、台湾省主席などを歴任、八四年蔣経国総統（当時）から副総統に指名される。八八年蔣経国の死去にともない総統に昇格。九六年台湾初の総統直接選挙に当選し就任。二〇〇〇年任期満了に伴い総統を退任。二〇〇七年第一回後藤新平賞受賞。

『台湾の主張』（ＰＨＰ研究所　一九九九　第八回山本七平賞受賞）をはじめ、近著に『「武士道」解題―ノーブレス・オブリージュとは』（小学館文庫　二〇〇六）、『李登輝実録―台湾民主化への蔣経国との対話』（産経新聞出版　二〇〇六）、『最高指導者の条件』（ＰＨＰ研究所　二〇〇八）ほか著書多数。二〇二〇年逝去。

李登輝より日本へ　贈る言葉

二〇一四年　六　月一一日　第一刷発行
二〇二〇年一一月二〇日　第五刷発行

著者――――李登輝
発行者――――江尻　良
発行所――――株式会社ウェッジ
〒一〇一－〇〇五二　東京都千代田区神田小川町一－三－一
NBF小川町ビルディング三階
電話：〇三－五二八〇－〇五二八
FAX：〇三－五二一七－二六六一
https://www.wedge.co.jp/
振替 00160-2-410636

装丁――――松村美由起
DTP組版――ミューズグラフィック
画像調整――ノアーズグラフィック
印刷・製本所――大日本印刷株式会社

ISBN：978-4-86310-124-1 C0031